भारतीय राजनीति और संसद

विपक्ष की भूमिका

भारतीय राजनीति और संसद

विपक्ष की भूमिका

सुभाष काश्यप

राजकमल प्रकाशन

ISBN : 978-81-7178-631-2

मूल्य : ₹ 300

पहला संस्करण : 1998
चौथा संस्करण : 2016

प्रकाशक : राजकमल प्रकाशन प्रा. लि.
1-बी, नेताजी सुभाष मार्ग, दरियागंज
नई दिल्ली-110 002

शाखाएँ : अशोक राजपथ, साइंस कॉलेज के सामने, पटना-800 006
पहली मंजिल, दरबारी बिल्डिंग, महात्मा गांधी मार्ग, इलाहाबाद-211 001
36 ए, शेक्सपियर सरणी, कोलकाता-700 017

वेबसाइट : www.rajkamalprakashan.com
ई-मेल : info@rajkamalprakashan.com

मुद्रक : बी.के. ऑफसेट
नवीन शाहदरा, दिल्ली-110 032

INDIAN POLITICS AND PARLIMANET
ROLE OF OPPOSITION
Analitical Essays by Dr. Subhash Kashyap

आमुख

हमारी स्वतंत्रता के ५० वर्ष पूरे हो रहे हैं। देखना होगा इन दशकों में हमने क्या कुछ खोया, क्या पाया, कैसी व्यवस्था अपने लिए अपनायी, वह कहाँ तक सफल हुई या कितनी असफल हुई।

आज हम राजनीति में साँस लेते हैं, राजनीति में जीते हैं। हमारा जीवन चारों ओर राजनीति से जकड़ा है। अत: यह जरूरी है कि हम अपनी राजनीतिक व्यवस्था और संस्थाओं के बारे में निकट से जानें।

हमने अपने देश के लिए जिस संसदीय लोकतंत्रात्मक व्यवस्था का वरण किया उसमें विपक्ष का विशेष महत्त्व है। यदि पता करना हो किसी देश में स्वतंत्रता और लोकतंत्र जीवित है या नहीं तो यह जानना होगा कि वहाँ विपक्ष है या नहीं और है तो उसकी भूमिका क्या है, कैसी है।

प्रस्तुत पुस्तिका में भारतीय संसद में विपक्ष की भूमिका पर ऐतिहासिक और संकल्पनात्मक परिप्रेक्ष्यों में विचार किया गया है। पुस्तक दो भागों में विभक्त है। पहले भाग में लोकतांत्रिक संस्थाओं के उद्‌भव और विकास, स्वाधीनता से पूर्व विधायिका तथा स्वाधीनता के बाद अस्थायी संसद और प्रथम लोकसभा से लेकर ग्यारहवीं लोकसभा तक विपक्ष की भूमिका की चर्चा की गई है। दूसरे भाग में विपक्ष और नेता विपक्ष के बारे में कुछ संकल्पनात्मक बातें स्पष्ट की गई हैं तथा विपक्ष की भूमिका के कुछ रूमानी, आदर्श और यथार्थ स्वरूपों पर रोशनी डाली गई है। विभिन्न अध्यायों में प्रस्तुत विवेचन-विश्लेषण बहुत कुछ

व्यक्तिगत अनुभव-अन्वेषण पर आधारित है क्योंकि प्रथम लोकसभा, जवाहरलाल नेहरू और दादा साहेब मावलंकर के समय से लेकर ३७ वर्षों से अधिक तक मुझे संसद से सम्बद्ध रहने का, संसद सदस्यों की वाणी के मधुर संगीत का रसास्वादन करने का और संसद के विभिन्न स्वरूप और आयाम, उतार-चढ़ाव, उत्थान-पतन देखने का अवसर मिला।

पुस्तक में अभिव्यक्त विचारों के लिए मैं स्वयं व्यक्तिगत रूप से उत्तरदायी हूँ। कुछ बातों पर मतवैभिन्न्य हो सकता है, मेरे कथन विवादास्पद हो सकते हैं किन्तु, इतना कहना आवश्यक होगा कि पुस्तक का उद्देश्य रचनात्मक और जनहित में है।

के. के. बिड़ला फाउंडेशन और उसके विद्वान और मेधावी निदेशक श्री बिशन टंडन का मैं विशेष आभारी हूँ जिन्होंने मुझे अपने व्याख्यानों की गौरवमयी शृंखला में इस वर्ष भारतीय संसद में विपक्ष की भूमिका पर दो व्याख्यान देने का आमंत्रण दिया। पूर्व लोकसभा अध्यक्ष श्री शिवराज पाटिल और पूर्व विदेश सचिव श्री एस. के. सिंह ने इन व्याख्यानों का सभापतित्व किया। फाउंडेशन ने इन्हें सभी संसद सदस्यों तथा अन्य विशिष्ट व्यक्तियों तक पहुँचाया। सभी नागरिक पाठकों के लिए पुस्तक रूप में प्रकाशन के लिए मैं राजकमल प्रकाशन का कृतज्ञ हूँ।

२९८-डी, सर्वोदय एन्क्लेव
नई दिल्ली-११० ०१७

सुभाष काश्यप

अनुक्रम

१

प्राचीन भारत में लोकतंत्र

संसद, सभा और समिति

१४-१५ अगस्त, १९४७ की अर्द्धरात्रि की बात है जब हमारी स्वाधीनता का अरुणोदय हुआ। स्वाधीन भारत के जीवन की अर्द्धशती पूरी हो रही है। २६ नवम्बर, १९४९ को हम भारत के लोगों ने अपनी संविधान-सभा में स्वाधीन भारत का संविधान अंगीकृत, अधिनियमित और आत्मार्पित किया। इस संविधान के अन्तर्गत हम सम्पूर्ण प्रभुसत्तासम्पन्न लोकतंत्रात्मक गणराज्य बन गये। जिस राजनीतिक व्यवस्था को हमारे संविधान ने अपनाया उसे संसदीय लोकतंत्र के नाम से जाना जाता है। संविधान २६ जनवरी, १९५० से पूर्णतया लागू हुआ और भारत अपने लम्बे इतिहास में पहली बार एक आधुनिक संस्थागत साँचे के साथ पूर्ण तथा प्रातिनिधिक संसदीय लोकतंत्र बना किन्तु ऐसा नहीं कि गणतंत्र एवं प्रातिनिधिक संस्थाएँ भारत के लिए कोई नितान्त नयी चीज़ हों।

ईसा से ३००० वर्ष पूर्व वैदिक काल में भी कुछ प्रतिनिधि निकाय और लोकतंत्रात्मक स्वशासी संस्थाएं विद्यमान थीं। ऋग्वेद में 'गण' से अर्थ गणना अथवा संख्या से था और गणराज्य संख्या से शासन अथवा लोकतंत्र थे। ऋग्वेद और *अथर्ववेद* में 'सभा' तथा 'समिति' नामक संस्थानों का उल्लेख मिलता है।

ऋग्वेद आदेश देता है कि जनसाधारण के विभिन्न वर्गों के विशिष्ट व्यक्तियों की शक्तिशाली राजसभा का गठन किया जाये। इस राजसभा में विद्वान, बुद्धिमान और युद्धकौशल में निपुण लोग हों जो सब मिलकर राष्ट्र के हित में काम करें। सभा और समिति दोनों में महिलाएं भी सदस्य हो सकती थीं। सभा और समिति के सदस्यों से अपेक्षित था कि वे सब एक ही आवाज में बोलें; वे आपस में वाद-विवाद और तर्क कर सकते थे किन्तु, मूलभूत मामलों में वे सब एक होते थे और एक प्रकार से सोचते थे, उन सबका उद्देश्य देश की भलाई ही होता था। अथर्ववेद में प्रार्थना मिलती है कि वाद-विवाद में पटुता आये और विरोधी पर सफलता मिले। यह भी आभास मिलता है कि कार्य समिति में एक से अधिक दल भी हो सकते थे और ऐसी स्थिति में वाद-विवाद बहुत रोचक और जीवन्त हो जाता था और कभी-कभी काफी कठोर शब्दों का आदान-प्रदान भी हो जाता था और हिंसक संघर्ष तक की नौबत आ जाती थी। वैदिक काल से ही द्विसदनीय संसद की शुरुआत मानी जा सकती है। वैसे *महाभारत* के 'शान्तिपर्व' में 'संसद' नामक एक सभा का उल्लेख भी मिलता है। क्योंकि इसमें आम जनता के लोग होते थे, इसे 'जन संसद' भी कहा जाता था। लगता है, आधुनिक संसदीय लोकतंत्र के कुछ महत्त्वपूर्ण तत्त्व जैसे निर्बाध चर्चा और बहुमत द्वारा निर्णय तब भी प्रचलित थे। बहुमत से हुआ निर्णय 'अलंघनीय' माना जाता था जिसकी अवहेलना नहीं की जा सकती थी क्योंकि जब सभा में लोग मिलते हैं और एक वाणी से बोलते हैं तो उस वाणी और बहुमत की अन्य लोगों द्वारा उपेक्षा नहीं की जा सकती।

आत्रेय ब्राह्मण, पाणिनि की *अष्टाध्यायी*, कौटिल्य के *अर्थशास्त्र*, *महाभारत*, अशोक स्तम्भों के शिलालेखों, समकालीन

इतिहासकारों तथा बौद्ध एवं जैन विद्वानों द्वारा रचित ग्रंथों में तथा *मनुस्मृति* में इसके पर्याप्त ऐतिहासिक प्रमाण मिलते हैं कि वैदिक काल में अनेक गणराज्य थे। इन गणराज्यों में प्रभुसत्ता एक बहुत बड़ी निर्वाचित सभा में निहित रहती थी और उसी सभा के सदस्य जिन्हें 'सभासद' कहते थे, न केवल कार्यपालिका के सदस्यों को, बल्कि सैनिक प्रमुखों को भी चुना करते थे। यह सभा वैदेशिक कार्यों पर नियंत्रण रखती थी और शांति तथा युद्ध जैसे मामलों का भी फैसला करती थी। कार्यपालिका पर निर्वाचित सभा का पूर्ण नियंत्रण रहता था। पाली के कई ग्रंथों में इस विषय में दिलचस्प ब्यौरे मिलते हैं कि प्राचीन गणराज्यों में सभाओं में क्या-क्या प्रथाएँ एवं प्रक्रियाएँ अपनायी जाती थीं जो कुछ विद्वानों के अनुसार "आधुनिकतम स्वरूप के विधि एवं संवैधानिक" सिद्धान्तों पर आधारित थीं। उदाहरण के तौर पर, सभा का अपना अध्यक्ष होता था जिसे सभापति, सभाध्यक्ष अथवा 'विनयघर' कहा जाता था। संकल्प, गणपूर्ति का अभाव, जैसे प्रक्रियागत उपायों एवं शब्दावली का उस समय भी ज्ञान था। मतदान के लिए शलाकाओं (टिकटों) का प्रयोग किया जाता था जो विभिन्न मतों का प्रतिनिधित्व करनेवाली भिन्न-भिन्न रंगों की लकड़ी की पट्टियाँ होती थीं। जटिल और गंभीर मामले प्रायः सभा के सदस्यों में से चुनी गई विशेष समिति के पास भेजे जाते थे।

इस सबके बीच, लोकतंत्रात्मक प्रातिनिधिक संस्थाओं के होने के सबूतों के बावजूद, हमें ऐसा कुछ नहीं मिलता जिससे कहा जा सके कि 'सभा' या 'समिति' में या 'संसद' में राजपक्ष और विरोधी पक्ष अथवा विपक्ष की कोई संकल्पना थी। वैदिक आदर्श तो यह था कि सभी सभासद एक जैसा सोचें, एक साथ चलें और एक जैसा बोलें।

संगच्छध्वं संवदध्वं सं वो मनांसि जानताम्
देवाभागं यथा पूर्वे संजानाना उपासते।

समानो मंत्रः समिति समानी समानं मनः सहचित्तमेषां
समानं मत्रमभिमन्त्रये वः समानेन वो हविषा जुहोमि।

समानी वः आकूतिः समाना हृदयानि वः
समानमस्तु वो मनो यथा वः सुसहासति।।

(ऋग्वेद १०, १९१; *अथर्ववेद* ६, ६४)

२

ब्रिटिश संसदीय लोकतंत्र में विपक्ष

संसदीय लोकतंत्र एक सजीव, सतत विकासशील, गतिमान परम्परा है। आधुनिक संसदीय लोकतंत्र का जन्म ब्रिटेन में हुआ। सम्राट और संसद के लम्बे अर्से तक चले संघर्षों के बीच इस प्रणाली का क्रमिक विकास हुआ। राजतंत्र से प्रजातंत्र की ओर यात्रा, एक व्यक्ति के निरंकुश शासन से हटकर सत्ता और शासन शक्ति की बागडोर जनता के चुने हुए प्रतिनिधियों के हाथों में आ जाने की कहानी है। प्रारम्भ में संसद स्वयं सामन्तों की संस्था थी। जब राजा को धन की आवश्यकता होती तो वह संसद को समवेत करता था। धीरे-धीरे संसद ने राजा द्वारा असीमित धन संग्रह की शक्तियों पर अंकुश लगाना शुरू किया और 'बिना प्रतिनिधित्व के करारोपण नहीं' तथा कार्यपालिका पर संसदीय नियंत्रण के सिद्धांतों का उद्‌भव हुआ। साथ-साथ संसद के निम्न सदन–हाउस ऑफ कामन्स–के जनतंत्रीकरण की प्रक्रिया भी चली। कालान्तर में हित-समूहों का विकास हुआ। हित-समूहों ने ही बाद में राजनीतिक दलों का रूप ले लिया। राजा के दैविक अधिकार के सिद्धांत के अक्षुण्ण रहते, कोई राजा के विशेषाधिकारों का विरोध नहीं कर सकता था। सम्राज्ञी एलिजाबेथ प्रथम और जेम्स प्रथम के शासनकाल में पहली बार सांसदों को यह अधिकार मिला कि वह अपनी व्यक्तिगत और स्थानीय समस्याएँ और कठिनाइयाँ संसद के सामने

रख सकें तथा इन मामलों पर याचिकाएँ और विधेयक प्रस्तुत कर सकें।

ब्रिटेन में संसदीय लोकतंत्र के इतिहास पर दृष्टि डालें तो हम देखते हैं कि इसके बाद किस प्रकार निरंकुश कार्यपालिका पर–राजा की शक्तियों पर–अंकुश के रूप में कामन्स के अधिकार बढ़ते गये, सम्राट अधिकाधिक संसद पर आश्रित होते गये और सांसदों को अपने विचार अपेक्षाकृत निस्संकोच अभिव्यक्त करने की छूट बढ़ती गई। परिणामस्वरूप राजा के वफादार और विरोधी सांसद समूहों की संकल्पना जन्मी और अन्ततः लोकतंत्र का वह आदर्श परिष्कृत रूप उभरा जिसमें राजा केवल मात्र संवैधानिक प्रमुख रह गया राजनीतिक सत्ता और शक्ति के लिए संघर्ष सैद्धान्तिक आधार पर गठित राजनीतिक दलों के क्षेत्र में आ गया।

ब्रिटेन में संसदीय विपक्ष की संकल्पना का विकास विशेषतः १६८८ की क्रांति के बाद प्रारम्भ हुआ। धीरे-धीरे विपक्ष ब्रिटिश शासन व्यवस्था के एक अभिन्न और सुसंगठित अंग के रूप में उभरा। सत्ताधारी दल और उसका विरोध करने वाला सत्ता से बाहर विपक्षी दल दोनों को वफादार माना जाने लगा। 'महामहिम का राजभकत विपक्ष' (हिज मैजेस्टीज़ लॉयल ऑपोजीशन) पद का प्रथम प्रयोग १८२६ में जॉन हॉबहाउस ने किया था। इसे वैधिक मान्यता मिली १९३७ में मिनिस्टर्स ऑफ क्राउन एक्ट के द्वारा। भावना यह थी कि महामहिम को जितनी आवश्यकता 'राजभक्त सरकार' की है उतनी ही 'राजभक्त विपक्ष' की भी।

संसदीय लोकतंत्र की सफलता के लिए विपक्ष का अपनी भूमिका सही तरह निभाना उतना ही जरूरी है जितना सरकार का सक्षम और कुशल होना। एक प्रभावी विपक्ष ही सत्ताधारी दल को ठीक रास्ते पर रख सकता है। परिभाषा की

दृष्टि से संसदीय लोकतंत्र में प्रायः वह दल सरकार बनाता है जिसे निर्वाचन में जनादेश मिला हो अथवा सबसे अधिक स्थान मिले हों। निर्वाचन में दूसरे नम्बर पर सफल होनेवाले ऐसे किसी भी राजनीतिक समूह या दल को जो सरकार का अथवा सत्तारूढ़ दल का विरोध करे, विपक्ष कहा जा सकता है। इस विषय में कुछ मतवैभिन्न्य भी हो सकता है कि संसदीय लोकतंत्र में 'विपक्ष' शब्द का प्रयोग होना चाहिए अथवा 'प्रतिपक्ष' का। किन्तु, साधारणतया विपक्ष और प्रतिपक्ष दोनों का ही पर्यायवाची रूप में प्रयोग किया जा सकता है। 'संसद में विपक्ष' संसद सदस्यों के उस प्रमुख संसदीय दल को कहा जाता है जो उस दल का जिसकी सरकार है सक्रिय विरोध करता हो।

मतभेद, विचार-वैभिन्न्य और विरोध लोकतंत्र में स्वाभाविक हैं और इन्हीं से विपक्ष जन्मता है। ब्रिटिश ढंग के संसदीय लोकतंत्र की वर्तमान संकल्पना के अनुसार एक सक्रिय, सुगठित और सशक्त विपक्ष व्यवस्था का अनिवार्य अंग है। किसी ऐसी व्यवस्था को जिसमें विपक्ष की कोई भूमिका न हो, लोकतंत्र की संज्ञा नहीं दी जा सकती। और, संसदीय लोकतंत्र में विपक्ष की संकल्पना का आधार है राजनीतिक दलीय व्यवस्था क्योंकि राजनीतिक दलों की अनुपस्थिति में न लोकतंत्र की कल्पना की जा सकती है और न ही कोई सत्तापक्ष और विपक्ष का द्वैत सम्भव है। दूसरी ओर प्रभावी विपक्ष के अभाव में कोई भी दलीय व्यवस्था शीघ्र ही चरमरा जायेगी। राजनीतिक दल किसी सैद्धान्तिक आधार पर संगठित होने चाहिए। उनकी किन्हीं विशिष्ट राजनीतिक-आर्थिक मान्यताओं, आदर्शों और कार्यक्रमों में आस्था होनी चाहिए जिन्हें लेकर वह जनता के सामने जायें और चुनाव लड़ें। यदि सफल हो जायें और सत्ता में आ जायें तो प्राप्त जनादेश के अनुसार अपने चुनावी घोषणापत्र पर अमल करें और यदि सफल न हों और चुनाव हार जायें तो भी अपने

घोषित सिद्धांतों के लिए संसद में तथा संसद से बाहर संवैधानिक तरीकों से राजनीतिक लड़ाई बराबर लड़ते रहें। कौन-सा दल सत्ता में आता है और कौन कब विपक्ष बनता है इसका निर्णय जनता करती है। हमेशा से ब्रिटेन में भी ऐसा नहीं था कि दो ही प्रमुख दल हों किन्तु जिस रूप में संसदीय प्रणाली पल्लवित-पुष्पित हुई है उसके अनुसार यही अपेक्षित है कि साधारणतया एक प्रमुख दल की सरकार होनी चाहिए और दूसरा प्रमुख दल विपक्ष में रहना चाहिए वैकल्पिक सरकार की तरह।

पहले कहा जाता था कि सरकार का काम शासन करना है और विपक्ष का काम हर तरह सरकार का विरोध करना, किसी हालत में भी सरकार के साथ सहयोग न करना और अपनी ओर से कभी कोई रचनात्मक सुझाव न देना। एक बार चर्चिल ने भी कहा था कि विपक्ष का धर्म है कि वह सत्तारूढ़ दल को सत्ता से हटाये चाहे उसके लिए कुछ भी करना पड़े। किन्तु, यह स्वस्थ संसदीय व्यवस्था अथवा स्वस्थ विपक्ष का काम नहीं है। यदि राजनीति का ध्येय जनता की सेवा करना है, यदि जनता सभी सांसदों को अपने कल्याण और हितों की रक्षा के लिए चुनकर भेजती है और लोकतंत्र जनमत का जनहित में शासन है तो उसमें प्रत्येक दल की, चाहे वह सत्ता में हो या विपक्ष में, मूलत: एक-से ही लक्ष्य और भावना होनी चाहिए। दोनों का धर्म राष्ट्र की सेवा करना है। सत्तापक्ष और विपक्ष दोनों के सदस्यों से मिलकर संसद बनती है। संसदीय लोकतंत्र में सरकार भी संसद से बाहर नहीं है अपितु संसद का एक अंग मात्र है। सच तो यह है कि संसदीय लोकतंत्र में संसद ही नहीं अपितु सरकार भी सत्तापक्ष और विपक्ष दोनों को मिलाकर बनती है। दोनों एक ही अस्तित्व के अंग हैं अथवा एक ही सिक्के के दो पहलू।

ब्रिटेन में संसदीय विपक्ष के दो ही मुख्य काम हैं–(१) सरकार की कमियों को उजागर करना, और (२) सरकार के संसद में अथवा आम चुनावों में हार जाने पर स्वयं सरकार बनाने के लिए तैयार रहना। किन्तु ऐसा कर सकने के लिए यह नितान्त आवश्यक है कि वैकल्पिक नीतियाँ और कार्यक्रम हों तथा अच्छा संगठन और समुचित साधन हों। कोई भी विपक्ष तभी प्रभावी हो सकता है जब वह ठोस, सशक्त, उत्तरदायी और सतर्क हो तथा जनमानस में अपनी अनुकूल छवि बना सके।

३

आधुनिक भारत में विधायी संस्थाओं का उद्‌भव : १८५३-१९१९

हमारे देश में ऐसा नहीं हुआ कि संसदीय शासन प्रणाली एवं विधायी संस्थाओं की स्थापना संविधान सभा ने स्वाधीन भारत के लिए बनाये गये संविधान के द्वारा एकदम अमुक तारीख को कर दी हो। उनका उद्‌भव तो लगभग दो शताब्दियों के ब्रिटेन के साथ औपनिवेशिक सम्बन्धों की उपज है। जिस रूप में भारत की संसद और संसदीय संस्थाओं को आज हम जानते हैं उनका विकास विदेशी शासन से मुक्ति के लिए और स्वतंत्र लोकतंत्रात्मक संस्थाओं की स्थापना के लिए किए गए अनेक संघर्षों और ब्रिटिश शासकों द्वारा रुक-रुककर, धीरे-धीरे, झिका-झिकाकर, छोटी-छोटी किस्तों में दिये गये संवैधानिक सुधारों के द्वारा हुआ। संसदीय लोकतंत्र के अन्तर्गत उत्तरदायी शासन स्वाधीनता संघर्ष के दिनों में हमारे स्वतंत्रता सेनानियों का आदर्श था। उनका सपना था कि हमारे देश में ब्रिटेन जैसी ही व्यवस्था हो और भारतीयों को वैसे ही और वही सब अधिकार प्राप्त हों जैसे अंग्रेजों को अपने देश में प्राप्त हैं। यह स्वाभाविक भी था क्योंकि किसी भी दास के लिए उसके स्वामी की स्थिति ही आदर्श होती है। वह वैसा ही होना चाहता है। मनोवैज्ञानिक तो यहाँ तक कहते हैं कि गुलाम इसलिए संघर्ष नहीं करता कि वह आजाद होना चाहता है बल्कि

इसलिए कि कल वह भी कुछ गुलाम रख सके और उन पर राज कर सके।

१८५२ में कलकत्ता के ब्रिटिश इंडियन एसोसिएशन ने ब्रिटिश संसद के सामने एक याचिका रखकर भारत में लोगों की भावनाओं का प्रतिनिधित्व करनेवाली विधानपालिका की स्थापना की प्रार्थना की। इसी प्रकार की प्रार्थना बाम्बे एसोसिएशन और मद्रास नेटिव्स एसोसिएशन ने भी अपनी-अपनी याचिकाओं में की। १८५३ के चार्टर एक्ट के अन्तर्गत पहली बार एक अलग विधायिका का आभास मिला और लेजिस्लेटिव कौंसिल शब्दावली का प्रयोग भी किया गया। चार्टर एक्ट की मंशा भले ही यह न रही हो, कौंसिल शिकायतों का निराकरण करनेवाली एक लघु प्रतिनिधि संस्था की तरह विकसित होने लगी। कौंसिल के प्राक्रिया नियमों से संबंधित पाँच सिद्धांतों में एक यह भी था कि प्रत्येक विधायी प्रस्ताव पर कौंसिल को तथा जनता को विचार और वाद-विवाद का पूरा अवसर दिया जाना चाहिए। कौंसिल के नियमों में याचिकाओं पर विचार करने के लिए एक प्रवर समिति का प्रावधान भी किया गया था।

१८८५ में भारतीय राष्ट्रीय कांग्रेस की स्थापना के बाद, उत्तरदायी शासन और प्रतिनिधि संस्थाओं की माँग तेज हो गई। कांग्रेसजन इस बात के घोर आलोचक थे कि ब्रिटिश सरकार भारत में ब्रिटेन की संसदीय संस्थाओं की स्थापना करने से कतरा रही थी। १८९२ के इंडियन कौंसिल्स एक्ट के द्वारा स्थापित लेजिस्लेटिव कौंसिल को आर्थिक प्रस्तावों की आलोचना और बजट पर बहस करने तथा प्रश्न पूछने के अधिकार दे दिये गये। कौंसिल के प्रथम निर्वाचित सदस्य सर फ़ीरोज़शाह मेहता ने अपनी सशक्त आवाज की छाप छोड़ी। सरकारी नीतियों और कार्यक्रमों की खुली और निर्भीक आलोचना कार्यवाही में शामिल हुई। जब सरकार ने पुलिस एक्ट

में संशोधन का प्रस्ताव रखा और सरकारी अधिकारियों को निरंकुश शक्तियाँ देनी चाही तो मेहताजी ने कड़े शब्दों में कहा कि वह प्रस्तावित संशोधन से अधिक प्रतिगामी विधायन की कल्पना ही नहीं कर सकते।

१८९२ के एक्ट के अन्तर्गत जो कौंसिल १९०९ तक चली उसमें सर फ़ीरोज़शाह मेहता के अतिरिक्त कई ऐतिहासिक व्यक्तित्व सक्रिय रहे; जैसे—गोपालकृष्ण गोखले, रासबिहारी घोष, आशुतोष मुखर्जी आदि। इन विभूतियों ने उपलब्ध साधनों का पूरा उपयोग करते हुए जनता की शिकायतों और कठिनाइयों को सरकार तक पहुँचाने का प्रयास किया तथा जनहित-विरोधी विधेयकों की कड़ी आलोचना की। प्रभावशाली वक्ता गोपालकृष्ण गोखले ने कौंसिल को भारत की गहरी और गहराती हुई गरीबी के बारे में तर्क और आँकड़े देकर बताया कि किस प्रकार वित्तीय स्थिति सैनिक व्यय के कारण बिगड़ी हुई थी। जब सरकारी गोपनीयता (संशोधन) विधेयक पेश किया गया तो गोखले ने उसका कड़ा विरोध किया। यद्यपि भारतीय सदस्यों के विरोध के बावजूद सरकार अपनी मर्जी के कानून पास करा सकती थी, लोगों ने गोखले को 'विपक्ष के नेता' नाम से सम्बोधित करना शुरू कर दिया था। यह नामकरण कितना ही अनौपचारिक क्यों न रहा हो, यह सच है कि इन्हीं दिनों वह लम्बा सिलसिला शुरू हुआ जिसमें राष्ट्रीय आन्दोलन के कुछ नेता लड़ाई को विधायी संस्थाओं के भीतर ले आये और उन्होंने एक सक्षम और यथासम्भव प्रभावी विपक्ष की भूमिका निभाने का प्रयास किया।

मिंटो-मौर्ले संवैधानिक सुधारों के अन्तर्गत इंडियन कौंसिल्स एक्ट १९०९ पारित हुआ। इसके द्वारा कौंसिल में सदस्यों की संख्या १६ से बढ़ाकर ६० कर दी गयी जिसमें २७ सदस्य निर्वाचित होने थे। एक्ट के द्वारा पहली बार सदस्यों को बजट

और सामान्य सार्वजनिक हित के मामलों पर संकल्प पेश करने और उन पर मतदान कराने तथा अनुपूरक प्रश्न पूछने के अधिकार दिये गये। इसका परिणाम यह हुआ कि शीघ्र ही कौंसिल सरकारी नीतियों और प्रशासनिक कृत्यों की जाँच-पड़ताल करनेवाली संस्था का रूप लेने लगी। १९१०-१९२० के बीच १९०९ के एकट के अनुसार इम्पीरियल लेजेस्लेटिव कौंसिल चली। सरकारी बहुमत होने के कारण, निर्वाचित सदस्य अपने पक्ष में निर्णय तो नहीं करा सकते थे किन्तु कई महत्त्वपूर्ण और विवादास्पद विषयों पर सवाल पूछकर, विधेयकों में संशोधन पेश करके तथा अपने संकल्प रखकर वह विपक्ष की प्रभावी भूमिका निभाते रहे। १९११ के बजट पर वाद-विवाद में भाग लेते हुए, सच्चिदानन्द सिन्हा ने जोरदार शब्दों में माँग की कि भारत में ब्रिटिश सैन्यबलों पर होनेवाला खर्च ब्रिटेन की सरकार और भारत सरकार के बीच बांटा जाना चाहिए और केवल भारत के ऊपर बोझ नहीं होना चाहिए। इस प्रकार बचे धन को भारत सरकार को शिक्षा के क्षेत्र में खर्च करना चाहिए। अलग से संकल्प प्रस्तुत कर, गोखले ने सुझाव दिये कि पुलिस, रेलवे, छपाई आदि विभागों में खर्चे कम किये जायें और बची हुई धन-राशि को जनकल्याण के लिए शिक्षा, सफाई और स्वास्थ्य सेवाओं में लगाना चाहिए। भारतीय सदस्यों ने सेना तथा प्रशासनिक सेवाओं के भारतीयकरण पर भी जोर दिया।

१९०७ की 'राजद्रोहात्मक' सभाओं को रोकने से सम्बन्धित विधेयक की सच्चिदानन्द सिन्हा, मदनमोहन मालवीय और गोखले जैसे दिग्गजों ने कड़ी आलोचना की। गोखले ने चेतावनी दी कि विचारों की अभिव्यक्ति पर क्रूर अंकुश लगाकर और प्रशासन को व्यापक अधिकार देकर यह कुटिल कानून सरकार और जनता के बीच सम्बन्धों में कड़ुवाहट को बढ़ावा देगा। इसी प्रकार जब प्रेस के माध्यम से 'राजद्रोह' का प्रसार करनेवाले विचारों पर रोक लगाने के उद्देश्य से फरवरी, १९१० में प्रेस

बिल लाया गया तो गैर-सरकारी सदस्यों ने उसकी सख्त आलोचना की। भारतीय सदस्यों ने ५५ संशोधनों के नोटिस दिये जिनमें से दो संशोधन तो स्वीकृत भी हो गये। मार्च, १९१५ में भारत सुरक्षा विधेयक के द्वारा प्रशासन को दूरगामी शक्तियाँ देने का प्रस्ताव किया गया। इसका भी कड़ा विरोध हुआ, ३३ संशोधन रखे गये। यह दूसरी बात है कि कोई भी महत्त्वपूर्ण संशोधन पारित न हो सका। दादाभाई नौरोजी द्वारा प्रस्तुत दो मामूली-से संशोधन ही स्वीकृत हो सके किन्तु, कौंसिल के भारतीय सदस्य बाद में भी लगातार इन जन-विरोधी अधिनियमों और उनके क्रियान्वयन की भर्त्सना करते रहे।

दिसम्बर, १९१७ में जस्टिस रौलट की अध्यक्षता में एक राजद्रोह समिति का गठन किया गया। समिति ने क्रान्तिकारी राष्ट्रीय आन्दोलनों को कुचलने की दृष्टि से पुलिस और प्रशासन को व्यापक अधिकार देने के लिए दो विधेयकों की सिफारिश की। रौलट बिल्स के नाम से पुकारे गये इन दोनों विधेयकों का कौंसिल के भीतर और बाहर देश भर में कड़ा विरोध हुआ और अन्ततः उनमें से एक को तो छोड़ना ही पड़ा। क्रिमनल लॉ इमरजेंसी पावर्स बिल को प्रवर समिति को सौंपने के एक प्रस्ताव पर ६ फरवरी, १९१९ को विट्ठलभाई पटेल ने एक संशोधन पेश किया कि इस विधेयक को तत्कालीन कौंसिल के कार्यकाल बीत जाने के ६ माह बाद तक के लिए स्थगित कर दिया जाये। इस पर बहस आठ घंटे, दो दिन तक चली जिसमें २० गैर--सरकारी सदस्यों ने भाग लिया। भारतीय सदस्यों ने विधेयक का हर वाचन पर कड़ा विरोध किया। पटेल ने कहा कि ऐसे दमनकारी कानून बनाने के बजाय सरकार को चाहिए कि 'क्रान्तिकारी अपराधों' के कारणों को दूर करने पर ध्यान केन्द्रित करे। सुरेन्द्रनाथ बनर्जी ने कहा कि प्रस्तावित विधेयक व्यक्ति की स्वतंत्रता के पावन अधिकार पर आघात करता है और यदि पारित हो गया तो इससे राजनीतिक क्रिया कुण्ठित हो

जायेगी और जनजीवन में ठहराव आ जायेगा। मोहम्मद अली जिन्ना का विचार था कि विधेयक 'कानून और न्याय' की मूल मान्यताओं का अतिक्रमण करता है। राजा महबूदाबाद ने अपना विरोध विधेयक को नितान्त 'अनावश्यक, असामयिक, अनुचित और अब्रिटिश' कहकर प्रकट किया। श्रीनिवास शास्त्री का कहना था कि विधेयक में स्वतंत्रता की भावना की अवेहलना स्पष्ट दिखाई देती हैं। सर तेजबहादुर सप्रू ने कहा कि ऐसे मौके पर कोई भी ढंग का भारतीय चुप नहीं रह सकता। कर्तव्य का मार्ग स्पष्ट था और प्रत्येक भारतीय को विधेयक का विरोध करना चाहिए और पटेल के संशोधन का अनुमोदन। मदनमोहन मालवीय रौलट बिल पर लगातार ढाई घंटे तक बोले। उन्होंने कहा कि क्रान्तिकारी हिंसा के लिए स्वयं ब्रिटिश सरकार ही जिम्मेदार थी। इस सारे विरोध के बाद भी रौलट बिल पास हो ही गया किन्तु इससे पहले कौंसिल को १५० संशोधनों को निपटाना पड़ा। अकेले पटेल ने ही ५२ संशोधन पेश किये थे। १६ बार कौंसिल को विभाजन के द्वारा मत लेने पड़े। हर बार सारे भारतीयों ने एक संगठित और अनुशासित विपक्ष की तरह एक साथ विरोध में मत दिया। विधेयक पास होने पर जिन्ना और मालवीय सहित कुछ सदस्यों ने तो कौंसिल से त्यागपत्र ही दे दिया। जिन्ना ने वायसराय को लिखा कि "जो सरकार शान्तिकाल में ऐसे कानून पारित कराये, उसे सभ्य कहलाने का कोई अधिकार नहीं है।"

१९१० से १९१७ तक कौंसिल ने १३१ विधेयक पारित किये। इनमें से आठ विधेयकों का भारतीय सदस्यों ने कड़ा विरोध किया और नौ विधेयक ऐसे रहे जिनमें भारतीय सदस्यों द्वारा प्रस्तुत कई महत्त्वपूर्ण संशोधन स्वीकार कर लिये गये।

४

केन्द्रीय विधानसभा

विपक्ष के रूप में

१९२१-१९४७

१९१९ के भारत सरकार अधिनियम ने उस प्रणाली के अनुसार जो द्वितंत्र अथवा डाईआर्की के नाम से प्रसिद्ध हुई, प्रान्तों के स्तर पर उत्तरदायी सरकार की और केन्द्र में पहली बार एक द्विसदनीय विधानमण्डल की स्थापना की जिसमें एक राज्य परिषद (कौंसिल ऑफ स्टेट) और दूसरी विधानसभा (लेजिस्लेटिव एसेम्बली) कहलाई। पहली ही बार ऐसा भी हुआ जब दोनों सदनों में अधिकांश सदस्य निर्वाचित होने लगे। अब तक की लेजिस्लेटिव कौंसिलों के मुकाबले नया विधानमण्डल सिद्धांतत: अधिक प्रातिनिधिक तो हो गया किन्तु उसे सरकार बनाने और बदलने का अधिकार नहीं मिला अर्थात् शासन लगभग पूर्णतया अनुत्तरदायी ही बना रहा। लेकिन, निर्वाचित जन-प्रतिनिधियों को विधि-निर्माण में पहली बार सचमुच की कुछ भागीदारी मिली और सरकारी नीतियों को प्रभावित करने का अधिकार और अवसर मिला। १९१९ के अधिनियम के अन्तर्गत गठित विधानपालिकाएँ १९२१ से १९४७ तक यानी लगभग २६ साल तक चलीं और उन्होंने देश की राजनैतिक नियति को काफी प्रभावित किया। जहाँ देश में विदेशी शासन से मुक्ति के लिए आन्दोलन चल रहा था वहाँ विधानमण्डल में जन-प्रतिनिधियों ने

भी अपने ढंग से लड़ाई को बराबर आगे बढ़ाया और अपना योगदान दिया। संसार ने देखा, किस प्रकार बार-बार विदेशी सरकार को जनता की इच्छाओं के सामने झुकना पड़ा अथवा हार माननी पड़ी। भले ही हार का असर सरकार के अस्तित्व पर न पड़ा हो, इसमें सन्देह नहीं कि जहाँ विधानपालिका सरकार के कृत्यों और नीतियों की तीव्र आलोचक हो और एक विपक्ष की भूमिका निभा रही हो, सरकार बिलकुल भी प्रभावित हुए बिना नहीं रह सकती थी। उसे बहुत सतर्कता और विवेक से काम लेना पड़ा और देश की जनता के प्रति अपने दायित्वों से इसके बाद वह पूर्णतया उदासीन नहीं रह सकी।

१९१९ के अधिनियम के अधीन १९२०-२१ में जो प्रथम निर्वाचन हुए उनमें देश के सबसे बड़े राजनीतिक दल कांग्रेस ने भाग नहीं लिया किन्तु राष्ट्रीय उदारवादी संघ के जो नरमपन्थी नेता चुनकर विधानसभा में पहुँचे, वे भी राष्ट्रहित के मुख्य मुद्दों पर विदेशी सरकार का साथ न दे सके और विरोध की आवाज जीवित रही। अगस्त, १९२२ में ब्रिटिश प्रधानमंत्री लायड जार्ज के एक वक्तव्य को लेकर विधानसभा में बड़ी तीखी प्रतिक्रिया हुई और एक गैर-सरकारी संकल्प ३४ के विरुद्ध ४८ मतों से पारित हुआ जिसमें प्रधानमंत्री के वक्तव्य की भर्त्सना की गई तथा ब्रिटिश सरकार की भारत के भविष्य सम्बन्धी नीयत पर सन्देह प्रकट किया गया। सरकारी सेवाओं के भारतीयकरण के लिए एक स्थगन प्रस्ताव विधानसभा में बिना किसी मत-विभाजन के पारित हो गया। १९२२ में ही डॉ. एच.एस. गौड़ के नेतृत्व में एक लोकतांत्रिक दल (डेमोक्रेटिक पार्टी) नाम से सदस्यों के विधायी समूह का गठन किया गया। दल का मुख्य उद्देश्य था "संसदीय शासन व्यवस्था में अनिवार्य आवश्यकता के रूप में एक ऐसे संगठन का विकास करना जो शीघ्रातिशीघ्र देश को स्वायत्तशासी राज्य का दर्जा दिलाने का साधन बन सके।" लोकतांत्रिक दल का दावा था कि उसमें ४८ सदस्य शामिल थे

यानी कुल निर्वाचित सदस्यों के लगभग आधे। देश में विधायी दलों का यहीं से सूत्रपात हुआ माना जा सकता है। इन्हीं दिनों प्रथम विधानसभा में जो और दो दल नाम के वास्ते अस्तित्व में आये वह थे राष्ट्रवादी (नेशनलिस्ट) और संघवादी (यूनियनिस्ट)। 'लोकतंत्रवादी' एक नरम विपक्ष के रूप में अथवा संवैधानिक सुधारों के लिए एक दबाव समूह की तरह काम करने के पक्षपाती थे। लोकतांत्रिक दल बनने के बाद विधानसभा में १४५ बार मत-विभाजन हुए जिनमें ५७ सरकार के विरुद्ध गये। प्रथम विधानसभा में कुल मिलाकर ९६ गैर सरकारी संकल्प पेश हुए जिनमे ४८ बिना मत-विभाजन के और ८ मत-विभाजन के बाद पास हो गये। केवल २२ अस्वीकार हुए और १० को सरकार द्वारा आश्वासन दिये जाने पर वापस ले लिया गया।

१९२३ में विधानसभा और प्रशासन के बीच देसी रियासतों के नरेशों की सुरक्षा सम्बन्धी विधेयक को लेकर तीव्र मतभेद हो गये। विधानसभा ने विधेयक का कड़ा विरोध किया और गवर्नर-जनरल को अपनी असाधारण शक्तियों का प्रयोग कर विधेयक को प्रमाणित करना और परिषद द्वारा पारित कराना पड़ा। जब १९२३-२४ का बजट पेश किया गया तो सरकार ने नमक कर दो गुना करने का प्रस्ताव किया जिसका कड़ा विरोध हुआ। विधानसभा में सबसे महत्त्वपूर्ण विभाजन नमक कर कम करने के लिए प्रस्तुत गैर-सरकारी प्रस्ताव पर हुआ। ४४ के विरुद्ध ५९ मतों से प्रस्ताव पारित हो गया और विधानसभा ने नमक कर सम्बन्धी धारा को अस्वीकार कर दिया। गवर्नर-जनरल को पुन: अपनी असाधारण शक्तियों का प्रयोग कर ही वृद्धि को प्रमाणित करना पड़ा। जुलाई १९२३ में, सरकारी विरोध के बावजूद, विधान सभा ने एक संकल्प पारित कर माँग की कि गवर्नर-जनरल की असाधारण शक्तियों का प्रयोग विधानसभा के निर्णयों को निष्प्रभावी करने के लिए न किया जाये।

जब १२ सितम्बर, १९२३ को प्रथम विधानसभा का विघटन हुआ तो कहा जा सकता था कि सरकार के कृत्यों पर उसका कुछ ठोस प्रभाव अवश्य पड़ा। उसके विरोध के कारण ही प्रेस अधिनियम जैसे दमनकारी कानून निरस्त हो सके, कपास और नमक पर करों में कमी हुई, सेना के भारतीयकरण का प्रयोग प्रारम्भ हुआ, रेल के भाड़े कम हुए और कुछ उद्योगों पर संरक्षण शुल्क लगाये गये।

इसी बीच १९२३ में कांग्रेस के भीतर विधानमण्डल में प्रवेश के पक्ष में सी.आर. दास और मोतीलाल नेहरू के नेतृत्व में स्वराज दल का प्रादुर्भाव हुआ। स्वराज दल का घोषित उद्देश्य था विधानमण्डलों में घुसकर सरकार का विरोध करना, लगातार बाधाएँ उपस्थित करना, सरकार का चल सकना हर तरह से असम्भव करने का प्रयास करना और अन्दर से व्यवस्था को बदल देना अथवा खोखला कर नष्ट कर देना। १९२३ ही में दूसरी विधानसभा के लिए हुए चुनावों में स्वराज दल सबसे बड़े दल के रूप में उभरकर सामने आया। उसे ४५ स्थान मिले जो बाद में बढ़कर ४८ हो गये। स्वराज दल के मंच पर अथवा अन्यथा स्वतंत्र रूप से जो सदस्य चुनकर आये उनमें राष्ट्रीय आन्दोलन के अनेक प्रमुख नेता थे; जैसे–मोतीलाल नेहरू, मदनमोहन मालवीय, मोहम्मद अली जिन्ना, लाला लाजपत राय, विट्ठलभाई पटेल, बिपिनचन्द्र पाल, शिवास्वामी अय्यर, पुरुषोत्तमदास ठाकुरदास, चिमनलाल सीतलवाड, हरिसिंह गौड़, षण्मुखम चैट्टी, के.सी. नियोगी आदि। २४ स्वतंत्र सदस्यों ने अपने आपको जिन्ना के नेतृत्व में संगठित किया और राष्ट्रीय हितों की सुरक्षा के लिए स्वराज दल के साथ मिलकर राष्ट्रीय दल (नेशनलिस्ट पार्टी) बनाई। ७२ सदस्यों के राष्ट्रीय दल को विधानसभा में पूर्ण बहुमत प्राप्त था। उसने सरकार को अनेक महत्त्वपूर्ण मामलों में बार-बार पराजित किया। कितनी ही बार इसके विरोध के कारण विधायी प्रस्ताव पारित न हो सके और बजट को भी

पास होने से रोक दिया गया। राष्ट्रीय दल ने कई बार विधानसभा से बहिर्गमन (वाक आउट) भी किया। स्वराजवादियों के प्रयासों के परिणामस्वरूप ही राष्ट्रीय मांग (नेशनल डिमांड) सम्बन्धी संकल्प भारी बहुमत से पास हुआ। इस संकल्प में कहा गया था कि भारत सरकार अधिनियम में संशोधन किये जायें और एक पूर्णतया उत्तरदायी शासन की स्थापना हेतु एक गोलमेज सम्मेलन बुलाया जाये जो भारत के लिए एक संविधान की सिफारिश करे तथा तत्कालीन केन्द्रीय विधानमण्डल को विघटित कर एक नवनिर्वाचित भारतीय विधायिका के सामने सम्मेलन की सिफारिशों को अनुमोदन के लिए रखा जाये। संकल्प पर बहस तीन दिन तक चली। मालवीय, जिन्ना, पटेल, चैट्टी, ठाकुरदास आदि नेताओं ने इसका जोरदार समर्थन किया। संकल्प १८ फरवरी, १९२४ को ४८ के विरुद्ध ७६ मतों से पास हो गया। अगले वर्ष १९२५ में पुनः 'राष्ट्रीय माँग' ४५ के विरुद्ध ७२ मतों से अनुमोदित हुई। ब्रिटिश सरकार द्वारा इस माँग की घोर अवहेलना से स्वराजवादियों को भारी निराशा हुई और उन्होंने सरकार के प्रति संवैधानिक विरोध के मार्ग पर कड़ाई से चलना शुरू कर दिया। सरकार की चार अनुदान माँगों को विधानसभा द्वारा अस्वीकार कर दिया गया। १९२४-२५ के वित्त विधेयक को भी, लम्बी बहस के बाद अस्वीकार कर दिया गया। मदनमोहन मालवीय ने घोषणा की कि "जब तक भारत सरकार अधिनियम १९१९ संशोधित नहीं होता तब तक मैं सरकार द्वारा किसी भी कर के लगाये जाने का समर्थन नहीं कर सकता, न अब और न भविष्य में।" चार अनुदान मांगों और बजट की अस्वीकृति की राष्ट्रीय प्रेस ने सराहना की। द *हिन्दू* ने लिखा कि इतिहास में यह स्मरणीय घटना मानी जायेगी। किन्तु, वायसराय ने चार अनुदान माँगों को पुनर्स्थापित कर दिया तथा बजट को प्रमाणित कर दिया।

दूसरी विधानसभा ने अनेक दमनकारी अधिनियमों को निरस्त किये जाने की अथवा आपत्तिजनक अंशों को निकालने की माँग की। १९२४ में विधानसभा ने सरकार के विरोध के बावजूद बंगाल रेगुलेशन-III के निरस्त किये जाने के लिए एक संकल्प पारित किया। एक विधेयक पास करके क्रिमनल लॉ अमेंडमेंट एक्ट १९०८ के भाग-२ को निरस्त करने का निर्णय लिया गया। १९२५ में जब बंगाल में लागू एक अध्यादेश की अवधि बढ़ाने सम्बन्धी विधेयक पेश हुआ तो विधानसभा ने उसकी मुख्य धारा को अस्वीकार कर दिया और गवर्नर-जनरल को भारी विरोध के बीच अपनी असाधारण शक्तियों का प्रयोग करना पड़ा। फरवरी, १९२५ में एक विधेयक में कई सारे दमनकारी अधिनियमों की सूची दी गई और उन सबको एक साथ निरस्त करने का प्रस्ताव किया गया। विधानसभा ने ४० के विरुद्ध ५० मतों से विधेयक को पारित कर दिया। मोतीलाल नेहरू ने वायसराय की कार्यकारी परिषद (एग्जीक्यूटिव कौंसिल) शीर्षक अनुदान माँग के अस्वीकार किये जाने का प्रस्ताव किया और कहा कि "मैं एक ऐसी सरकार के लिए जिसने देश का विश्वास खो दिया है, आपूर्ति करने की मनाही के संवैधानिक आधार पर यह प्रस्ताव कर रहा हूँ।" प्रस्ताव ४८ के विरुद्ध ६५ मतों से पारित हो गया और अनुदान माँग अस्वीकृत हो गयी। संवैधानिक सुधारों की माँग को अस्वीकार करने की सरकार की नीति की इससे अधिक विधायी निन्दा और नहीं हो सकती थी। सरकार में अविश्वास की अभिव्यक्ति स्पष्ट थी।

२६ जनवरी, १९२६ को एक संकल्प के द्वारा विधानसभा ने राजनीतिक कैदियों के मुक्त किये जाने की सिफारिश की। ८ मार्च, १९२६ को मोतीलाल नेहरू ने विधानसभा में एक महत्त्वपूर्ण भाषण में जनता की माँगों की अवहेलना करने के लिए तथा राजनीतिक प्रगति के विरोध के लिए सरकार की

निन्दा की और चेतावनी दी कि यदि जनमत को सन्तुष्ट करने के लिए शीघ्र ही सरकार ने आवश्यक कदम न उठाये तो देश भर में गुप्त क्रांतिकारी संस्थाओं का जाल फैल जायेगा। सरकार की ओर से कोई संतोषजनक उत्तर अथवा सहयोग का संकेत न मिलने पर स्वराजवादी अपना विरोध प्रकट करने के लिए नैराश्य और क्रोध की मन:स्थिति में विधानमण्डल से बहिर्गमन कर गये। मोतीलाल नेहरू ने घोषणा की कि वह लड़ाई बन्द नहीं कर रहे थे अपितु एक बार फिर बाहर देश में निर्वाचक जनमत लेने जा रहे थे।

तीसरी विधानसभा (१९२७-१९३०) भारत की किसी विधायिका का पहला सदन था जिसकी बैठकें वर्तमान संसद भवन में अथवा तत्कालीन नये कौंसिल हाउस में हुईं। कहते हैं कि उन दिनों किसी अंग्रेज से पूछा गया कि भारत की विधायिका का आकार गोल क्यों रखा गया। उसने विनोदपूर्वक कहा कि जानबूझकर इसे शून्य अथवा जीरो के आकार का बनाया गया है ताकि यह दर्शाया जा सके कि यहाँ पर कितने ही वाद-विवाद होते रहें, परिणाम शून्य ही रहेगा, आप चक्कर लगाते रहेंगे और पौन मील चलने के बाद जहाँ से चले थे वहीं वापस पहुँच जायेंगे।

१९२७ में, बजट पर बहस के दौरान, कार्यकारी परिषद शीर्षक के अन्तर्गत अनुदान माँग को घटाकर केवल एक रुपया करने का एम.आर. जयकर का प्रस्ताव ५६ के विरुद्ध ६५ मतों से स्वीकृत हो गया। जयकर के अनुसार सदन के घोर असन्तोष और विरोध को प्रकट करने और सरकार के रवैये की निन्दा करने का यही एक रास्ता था। १९२९ के बजट सत्र में भी कार्यकारी परिषद शीर्षक के अधीन माँग को घटाकर एक रुपया करने का प्रस्ताव पारित हो गया। इस बार यह प्रस्ताव मोतीलाल नेहरू ने प्रस्तुत किया था। १९२८ में विधानसभा के सम्मुख दो

निहायत ही दमनकारी और तानाशाही विधेयक पेश किये गये। ये थे पब्लिक सेफ़टी बिल और ट्रेड डिस्प्यूट्स बिल। दोनों विधेयकों की हर स्तर पर कड़ी आलोचना की गई। पब्लिक सेफ़टी बिल विधानसभा के अध्यक्ष विट्ठलभाई पटेल के निर्णायक मत से अस्वीकार हो गया और सरकार को हार माननी पड़ी किन्तु दूसरा विधेयक–ट्रेड डिस्प्यूट्स बिल–तीव्र विरोध के बावजूद पारित हो गया। और तभी एक और ऐतिहासिक घटना घटी और वह थी सरदार भगतसिंह और उनके साथियों द्वारा सदन में बम फेंका जाना। यह भी सरकार के विरुद्ध असन्तोष का प्रदर्शन था।

१९२७ में निरे अंग्रेज सदस्यों का, भारत में संवैधानिक सुधारों पर विचार करने के लिए जो साइमन आयोग ब्रिटिश सरकार ने बनाया था उसकी केन्द्रीय विधानसभा में भी कड़ी आलोचना हुई। भारतीय सदस्यों ने कई संकल्प पेश किये। लाला लाजपत राय के संकल्प पर १६ फरवरी, १९२८ को विधानसभा में बातचीत हुई। संकल्प में आयोग का बायकाट करने की बात कही गई थी। बहस दो दिन तक चली। जिन सदस्यों ने आयोग के विरोध में बोला उनमें प्रमुख थे जयकर, जिन्ना, मोतीलाल नेहरू, श्रीनिवास आयंगार, पुरुषोत्तम ठाकुरदास, मदनमोहन मालवीय, हरिसिंह गौड़, रहीमतुल्ला आदि। किन्तु, संकल्प पारित हो गया।

तीसरी विधानसभा में कुल ३९ गैर-सरकारी संकल्प पेश हुए। इनमें से १० बिना मत-विभाजन के पास हो गये और नौ मत-विभाजन के बाद। १६ संकल्प सरकारी आश्वासनों पर वापस ले लिये गये। केवल सात अस्वीकार हुए।

चौथी विधानसभा (१९३१-३४) से कांग्रेस बाहर रही। अधिकांश भारतीय सदस्य नरमपंथी थे। अनेक आपत्तिजनक विधेयक इस काल में सरलता से पारित हो गये और यह नहीं

कहा जा सकता कि इस विधानसभा ने सरकार के विरुद्ध अंकुश का काम किया या विपक्ष की भूमिका निभाई।

किन्तु, पाँचवीं विधानसभा (१९३५-१९४५) में कांग्रेस अपनी पूरी शक्ति के साथ वापस आयी और सबसे बड़े दल के रूप में उभरी। मदनमोहन मालवीय और एम.एस. अणे के नेतृत्व में बनी कांग्रेस नेशनलिस्ट पार्टी के ११ सदस्य भी प्राय: कांग्रेस के ४४ सदस्यों के साथ ही मतदान करते थे। कांग्रेस के विधानसभा में नये नेता थे भूलाभाई देसाई। २२ स्वतंत्र सदस्यों का दल जिन्ना के नेतृत्व में शक्ति सन्तुलन का काम करता था। इस विधानसभा में भारतीय राजनीति की कई प्रमुख हस्तियाँ और कई मँजे हुए संसदज्ञ मौजूद थे; जैसे—भूलाभाई देसाई, अणे, जिन्ना, सत्यमूर्ति, गोविन्दवल्लभ पन्त, आसफ अली, नरहरि गाडगिल, वी.वी. गिरि, प्रोफेसर एन. जी. रंगा आदि। कांग्रेस और नेशनलिस्टों का मुख्य उद्देश्य यह सिद्ध करना था कि सरकार अनुत्तरदायी अथवा गैर-जिम्मेवार है और भारत की जनता का उसमें विश्वास नहीं है और वह उसके साथ सहयोग करने के लिए तैयार नहीं है। इस उद्देश्य के कारण ही विधानसभा में अनेक मदों पर अनुदान माँगों को अस्वीकार कर दिया गया। भारतवासियों की शिकायतों को उजागर करने के लिए तथा जनहित की उपेक्षा और घोर लापरवाही के लिए सरकार की निन्दा करने का अवसर पाने की दृष्टि से बहुत-से कटौती प्रस्ताव पेश किये गये। सरकार को गवर्नर-जनरल की असाधारण शक्तियों का बार-बार सहारा लेना पड़ा जिससे दुनिया को यह स्पष्ट हो गया कि भारत में विदेशी सरकार निरंकुश तानाशाह की तरह चल रही है जन-सहमति अथवा सहयोग से नहीं।

२२ जनवरी, १९३५ को विधानसभा ने एक स्थगन प्रस्ताव पारित किया जिसमें माँग की गई थी कि शरतचन्द्र बोस को विधानसभा में भाग लेने से वंचित करने के मामले पर विचार

किया जाये। ५ फरवरी, १९३५ को एक प्रस्ताव भारी बहुमत से पास करके विधानसभा ने माँग की कि सरहदी गांधी बादशाह खान के खुदाई खितमतगारों पर से प्रतिबन्ध हटाये जायें। २३ मार्च, १९३६ को सरकार एक बार फिर सदन में हारी जब सुभाषचन्द्र बोस पर से प्रतिबन्ध हटाने पर विचार करने के लिये एक स्थगन प्रस्ताव पास हो गया। २५ अगस्त, १९३७ को भी एक स्थगन प्रस्ताव पास हुआ जिसके द्वारा अंडमान में बन्दियों द्वारा भूख हड़ताल से उत्पन्न स्थिति पर विचार करना तय हुआ। सरकार और विधानसभा में विरोध-भाव इतना तीव्र हो गया था कि वह पक्ष और विपक्ष की तरह व्यवहार कर रहे थे। यहाँ तक कि १९३५-३९ के बीच पेश होनेवाले पाँचों बजट विधानसभा ने अस्वीकार कर दिये और गवर्नर-जनरल को प्रमाणित कर उन्हें पास करना पड़ा। १९३५ और उसके बाद गवर्नर-जनरल को इस शक्ति का आठ बार इस्तेमाल करना पड़ा। १९३५-३९ के बीच कुल २२५ मत-विभाजनों में, १३२ मौकों पर सरकार को हार देखनी पड़ी। सत्यमूर्ति ने विधान सभा में घोषणा की कि ''जब तक एक भी भारतीय बच्चा जीवित रहेगा, देश की स्वाधीनता की यह लड़ाई चलती रहेगी।''

द्वितीय महायुद्ध प्रारम्भ हो जाने के बाद १९४०-४३ के बीच कांग्रेस सदस्यों ने विधानसभा की कार्यवाही में भाग नहीं लिया। किन्तु, कांग्रेस के वापस आने के बाद १९४४-४५ में फिर ४० मत-विभाजनों में से ३१ सरकार के विरुद्ध गये। १९४५ का वित्त विधेयक भी अस्वीकृत हो गया। साफ था कि जब-जब विधानसभा में कांग्रेस की प्रधानता रही और वह सक्रिय रही तब-तब न केवल उसने शक्तिशाली विपक्ष की भूमिका निभायी बल्कि विधानसभा में बहुमत की शक्ति के द्वारा विधायिका को ही सरकार के विरोध में खड़ा कर दिया। इसके विपरीत जब नरमपंथियों के हाथों विधानसभा रही तो सरकार का अधिक सक्रिय विरोध न हो सका।

१९१९ के भारत सरकार अधिनियम के अधीन समवेत छठी विधानसभा (१९४५-४७) ही अन्तिम थी। इसमें दो ही प्रमुख दल थे–कांग्रेस (२०८) और मुस्लिम लीग (७३)। जब-जब कांग्रेस विधानसभा में रही वह सार्थक और शक्तिशाली विपक्ष की तरह काम करती रही और कहा जा सकता है कि वह वैकल्पिक सरकार अथवा गवर्नमेंट-इन-वेटिंग थी। १९४६ में और फिर १९४७ में यह विपक्ष ही सरकार बन गया। परिणति हुई संविधान सभा में, स्वाधीनता में और देश के विभाजन में।

२ सितम्बर, १९४६ को कांग्रेस ने अन्तरिम सरकार बनायी जिसमें बाद में मुस्लिम लीग भी शामिल हो गयी। इसके बाद स्वाभाविक था कि सरकार और राष्ट्रीय तत्त्वों के बीच शक्ति संघर्ष पुरानी बात हो गये। सदस्य सरकार के विरुद्ध अब पहले की तरह नहीं बोल सकते थे। विधानसभा के अन्दर सदस्य अब मूलतः दलीय आधार पर आचरण करने लगे। इस बीच, संविधान सभा निर्वाचित हो चुकी थी और भारतीय स्वाधीनता अधिनियम १९४७ में स्पष्ट प्रावधान के अन्तर्गत १४ अगस्त १९४७ की अर्द्धरात्रि को विधानमण्डल के दोनों सदनों का अस्तित्व समाप्त हो गया।

किन्तु, इससे पहले, इस पूरे काल में स्वयं विधायिका ने विपक्ष की जो भूमिका निभायी वह विश्व के संसदीय इतिहास में विलक्षण रहेगी। संसदीय व्यवस्था में विधायिका के बहुमत की सरकार बनती है और अल्पमत विपक्ष में रहता है किन्तु यहाँ स्थिति यह थी कि विधायिका में विपक्ष का बहुमत था जो सरकार का विरोधी था। ऐसा इसलिए सम्भव हुआ क्योंकि गैर-सरकारी सदस्यों के बहुमत के कारण विधायिका तो किसी हद तक प्रतिनिधि हो गई थी किन्तु कार्यकारिणी को उसके प्रति उत्तरदायी नहीं किया गया था। फिर भी, बहुत-से मामलों में सरकार को अपनी नीतियों और कृत्यों के विधायिका द्वारा किये गये विरोध के सामने झुकना पड़ा, बार-बार अपनी सफाई और

बचाव पेश करने पड़े और तर्कसंगत आलोचनाओं का जवाब देना पड़ा। राजनीतिक दलों में विशेषकर कांग्रेस ने विधायिका के भीतर भी विपक्ष की सशक्त भूमिका निभायी। छः केन्द्रीय विधान सभाओं (१९२१-१९४७) को अपनी सदस्यता पर सचमुच गर्व हो सकता था। इनमें अनेक विशिष्ट संसदज्ञ, विधिवेत्ता, अर्थशास्त्री, मजदूर नेता और मँजे हुए राजनीतिज्ञ शामिल थे। कुछ नाम ऐसे थे जो दुनिया की किसी भी संसद को गौरवान्वित कर सकते थे; जैसे–मोतीलाल नेहरू, सत्यमूर्ति, भूलाभाई देसाई, श्रीनिवास शास्त्री, तेजबहादुर सप्रु, मदनमोहन मालवीय, जिन्ना, जी.वी. मावलंकर, विट्ठल भाई पटेल, लाला लाजपत राय, गोविन्द वल्लभ पन्त, एम.एस. अणे, बिपिनचन्द्र पाल, एम.आर. जयकर, षण्मुखम चैट्टी, के.सी. नियोगी आदि।

५

स्वाधीनता, संविधान और संसद

संविधान सभा और अस्थायी संसद

१९४७-१९५२

भारतीय स्वाधीनता अधिनियम १९४७ के द्वारा भारत की संविधान सभा को पूर्ण प्रभुसत्तासम्पन्न निकाय घोषित किया गया और १४-१५ अगस्त, १९४७ को उस सभा ने देश की बागडोर सँभाल ली और शासन चलाने की पूर्ण शक्तियाँ ग्रहण कर लीं। संविधान सभा को पूर्ण विधायी शक्ति भी प्राप्त हो गई। किन्तु अनुभव किया गया कि विधायी और संविधान निर्माण के कार्यों को अलग रखना उचित होगा। अतः यह तय किया गया कि जब संविधान सभा विधानसभा के रूप में कार्य करे तो उसे संविधान सभा (विधायी) नाम से सम्बोधित किया जाये। संविधान सभा (विधायी) की प्रथम बैठक १७ नवम्बर, १९४७ को हुई। २६ जनवरी, १९५० को जब संविधान लागू हुआ तो संविधान सभा (विधायी) ही अस्थायी संसद के रूप में परिवर्तित हो गई। और, इस प्रकार एक नये रूप में पुरानी विधायिका चलती रही और अतीत से नाता एकदम टूटा नहीं। किन्तु भारत के इतिहास में पहली बार विधायी संस्था के लिए 'पार्लियामेन्ट' शब्द का प्रयोग हुआ और देश को एक उत्तरदायी विधायिका मिली।

संविधान में संसदीय व्यवस्था को अपनाते हुए इस सिद्धांत को स्वीकार किया गया कि संसदीय कार्यपालिका सामूहिक रूप

से संसद के सीधे निर्वाचित सदन के प्रति उत्तरदायी होगी। और, इस प्रकार आधुनिक संस्थागत ढाँचे और उसकी अन्य शाखा-प्रशाखाओं सहित पूर्ण संसदीय शासन प्रणाली स्थापित हो गई।

अस्थायी संसद एकल सदनीय थी। वह सार्वभौम मताधिकार के आधार पर आम जनता द्वारा सीधे निर्वाचित संस्था भी नहीं थी। संविधान के अन्तर्गत, लोकसभा और राज्यसभा के लिए चुनाव अभी होने थे। अस्थायी संसद की सदस्यता और उसके आधार बहुत सीमित थे। ब्रिटिश भारत के प्रान्तों से उनकी विधानसभाओं द्वारा अप्रत्यक्ष ढंग से सदस्य चुने गये थे और देसी रियासतों से आनेवाले सदस्य तो उनके नरेशों द्वारा मनोनीत किये गये थे। कुल सदस्य-संख्या जो १९५० में २९६ थी, देसी रियासतों के सब प्रतिनिधियों के आ जाने के बाद बढ़कर ३१३ हो गई थी।

किसी भी संगठित विपक्षी दल की अनुपस्थिति अस्थायी संसद की एक प्रमुख विशेषता थी। सुभीते के लिए संसद-सदस्यों को 'सम्बद्ध' और 'असम्बद्ध' नामों से पहचाना जाता था। अध्यक्ष के निर्णय के अनुसार उन सब सदस्यों को जो कांग्रेस के सदस्य नहीं थे 'असम्बद्ध' माना जाना था। १९५० में अस्थायी संसद में २२ 'असम्बद्ध' सदस्य थे। १९५१ में उनकी संख्या २८ हो गई थी। इन 'असम्बद्ध' सदस्यों की राजनीतिक बद्धता अस्पष्ट थी। वे विपक्ष की तरह सरकार की नीतियों और कार्यों का विरोध और निन्दा नहीं करते थे। कांग्रेस को भारी बहुमत प्राप्त था और 'असम्बद्ध' सदस्यों में आपस में बहुत मतभेद थे, वे किसी एक विधायी समूह के सदस्य नहीं थे, किसी एक राजनीतिक दल के साथ नहीं थे किन्तु वे सभी सरकार की आलोचना करने के लिए अपने को स्वतंत्र मानते थे। प्रोफेसर के.टी. शाह के नेतृत्व में 'असम्बद्ध' सदस्यों का एक अनौपचारिक गठन १९५० में ही जाकर बनाया गया किन्तु उसके

सदस्यों की संख्या १४ से ऊपर नहीं बढ़ सकी। वस्तुतः अस्थायी संसद में दलीय व्यवस्था को एकदलीय की ही संज्ञा दी जा सकती थी। जैसा प्रायः ऐसी स्थिति में होता है, कांग्रेस के भीतर एक विपक्ष सक्रिय था। ऐसे कई कांग्रेस-सदस्य थे जो सरकार की आलोचना करने का कोई मौका नहीं चूकते थे। आर.के. सिधवा और महावीर त्यागी जैसे लोग इसी श्रेणी में आते थे। आचार्य कृपलानी सत्ताधारी दल के कामों पर सतर्कता, निगरानी और विवेचनात्मक दृष्टि रखते थे। पहले उन्होंने कांग्रेस के भीतर ही एक लोकतांत्रिक दल बनाया किन्तु जब वह कांग्रेस में अपने को अलग अनुभव करने लगे तो उन्होंने रफ़ी अहमद किदवई के साथ कांग्रेस छोड़ दी। जवाहरलाल नेहरू के नेतृत्व में कांग्रेस ने अपने ही सदस्यों द्वारा अपनी सरकार की कठोर आलोचना को जिस प्रकार सहन किया, वह प्रशंसनीय है। जवाहरलाल नेहरू लोकतंत्रात्मक आस्था की प्रतिमूर्ति थे। वह न केवल आलोचना को सहर्ष सुनते-सहते थे अपितु उसे प्रोत्साहित भी करते थे। लगता है वह कबीरदास की उक्ति में विश्वास करते थे : "निन्दक नियरे राखिये, आँगन कुटी छबाय; बिन पानी साबुन बिना निर्मल करे सुभाय।" वस्तुतः वह स्वयं अपने सबसे बड़े आलोचक थे। एक बार उन्होंने कहा था :

> "मैं अकसर ताज्जुब करता हूँ कि पिछले कुछ महीनों में जो कुछ हुआ है उसके बाद हिन्दुस्तान के लोग मुझ जैसे आदमी को क्यों बर्दाश्त करते हैं। मैं खुद यकीन के साथ नहीं कह सकता कि अगर मैं सरकार में न होता तो क्या मैं इस सरकार को बर्दाश्त कर सकता था?"

इस दृष्टिकोण का ही परिणाम था कि सिधवा और त्यागी जैसे आलोचकों को मंत्रिपरिषद में शामिल किया गया और किदवई को उनके कांग्रेस छोड़ देने के बाद भी मंत्रिपरिषद में रहने का आग्रह किया गया। कुछ समय बाद किदवई कांग्रेस में वापस आ गये।

कांग्रेस के अलावा पहला प्रमुख राजनीतिक दल आचार्य कृपलानी, शिब्बनलाल सक्सेना, टी. प्रकाशम आदि द्वारा बनाया गया किसान मजदूर प्रजा पार्टी था। दूसरा दल श्यामाप्रसाद मुखर्जी के नेतृत्व में गठित जनसंघ था। अस्थायी संसद के कार्यकाल में और भी कुछ दल जन्मे किन्तु उनका संसद में कोई प्रतिनिधित्व नहीं था।

आचार्य कृपलानी और श्यामाप्रसाद मुखर्जी का जवाहरलाल नेहरू बहुत आदर करते थे और उन्हें बड़े ध्यान से सुनते थे। १४ मार्च, १९५१ को बजट पर बहस के बीच सरकार की कमजोरियों और भ्रष्टाचार की तीखी आलोचना का उत्तर देते हुए जवाहरलाल नेहरू ने एक स्मरणीय वक्तृता में कहा कि आचार्य कृपलानी द्वारा की गई आलोचना से वह स्वयं बहुत कुछ सहमत हैं यद्यपि वह उनके द्वारा निकाले गये निष्कर्षों को सही नहीं मानते। जवाहरलाल नेहरू के शब्दों में :

> "माननीय सदस्यों को पूरा अधिकार है कि देश के वर्तमान चित्र को आलोचनात्मक दृष्टि से देखें। यदि इस सदन में कोई प्रभावी विपक्ष होता तो अवश्य ही यह उसका अधिकार ही नहीं कर्तव्य होता कि वह सरकार की कमियों की ओर ध्यान दिलाये और रचनात्मक सुझाव रखे। क्योंकि कोई प्रभावी विपक्ष है ही नहीं, मैं अपने साथियों और माननीय सदस्यों की आलोचना का स्वागत करता हूँ जो नीतियों के मामले में प्राय: हमारे साथ ही हैं ··· (प्रशासन में) अयोग्यता और भ्रष्टाचार की बहुत बातें की जाती हैं। मैं मानता हूँ कि बहुत हद तक यह आलोचना सही है किन्तु अयोग्यता और भ्रष्टाचार सरकार की नीति के अंग नहीं हैं। प्रत्येक बुद्धिमान व्यक्ति मानता है कि प्रशासन में कुशलता होनी चाहिए, सरकार नीचे से ऊपर तक स्वच्छ होनी चाहिए। हमारा उद्देश्य है कि ऐसी स्थिति पैदा हो जहाँ अयोग्यता और भ्रष्टाचार न हो किन्तु प्रश्न केवल यह है

कि उसके लिए कौन-सा मार्ग और माध्यम अपनाया जाये। जबकि मैं नहीं कहता कि देश में अयोग्यता और अपव्यय नहीं है अथवा भाई-भतीजावाद और भ्रष्टाचार नहीं हैं, मैं कहना चाहूँगा–और मैं अपने अनुभव से कहता हूँ–इन सब बातों के बावजूद हम दुनिया के अधिकांश राष्ट्रों से अधिक कार्यकुशल और स्वच्छ राष्ट्र हैं। अवश्य ही, यह कोई कारण नहीं है कि हम इस बारे में प्रसन्न हों, हमें सदैव स्थिति में सुधार लाने का प्रयास करना चाहिए और दूसरे लोगों का सहयोग भी लेना चाहिए। हमें इस मामले पर रचनात्मक ढंग से विचार करना चाहिए, केवल विध्वंसक आलोचना पर्याप्त नहीं।''

जब अस्थायी संसद के सामने एच.जी. मुद्‌गल नामक एक कांग्रेसी सदस्य के भ्रष्ट आचरण का मामला आया तो प्रधानमंत्री जवाहरलाल नेहरू ने स्वयं उसकी जाँच करने के लिए एक समिति बनाये जाने का प्रस्ताव रखा। मुद्‌गल के विरुद्ध आरोप था कि बाम्बे बुलियन एसोसिएशन की छवि संसद के सामने सुधारने के लिए उन्होंने कुछ हजार रुपया स्वीकारा था। आजकल, पिछले कुछ वर्षों से जो कुछ हमारे चारों ओर घटित हो रहा है, उसके संदर्भ में यह आरोप सम्भवतः नगण्य लगे किन्तु यह एक ऐतिहासिक सत्य है कि मुद्‌गल को इसी आधार पर अपनी संसद-सदस्यता से हाथ धोना पड़ा था। और, इस सारे मामले में दलगत समीकरणों का, पक्ष-विपक्ष का कोई प्रश्न नहीं उठा।

६

पहली लोकसभा

१९५२-१९५७

प्रथम आमचुनाव के फलस्वरूप, लोकसभा में कांग्रेस को ३६४ अर्थात् ७० प्रतिशत से अधिक स्थान मिले। विपक्षी दलों में कम्युनिस्ट पार्टी को १६, सोशलिस्ट पार्टी को १२, किसान मजदूर प्रजा पार्टी को नौ, जनसंघ को तीन तथा १९ अन्य दलों और स्वतंत्र उम्मीदवारों को ८५ स्थान मिले। इस प्रकार कांग्रेस के अतिरिक्त और कोई भी दल इस स्थिति में नहीं था कि उसे संसदीय दल अथवा विपक्ष के रूप में मान्यता मिल सके। अध्यक्ष के निर्णय के अनुसार ऐसी मान्यता के लिए दल की सदस्य-संख्या कम से कम सदन की कुल सदस्य-संख्या का दशांश अर्थात् कोरम के बराबर होनी चाहिए।

प्रथम लोकसभा के कार्यकाल में विपक्ष में दलों की स्थिति में बराबर बदलाव आते रहे। नहीं बदला तो केवल कांग्रेस का प्राबल्य और वर्चस्व। दलों के तथा स्वतंत्र सदस्यों के समय-समय पर नये गठबन्धन उभरते रहे और गुट बनते रहे किन्तु औपचारिक विपक्ष की मान्यता पाने के लिए आवश्यक ५० की संख्या तक कोई नहीं पहुँच सका। लगभग एक वर्ष बाद, फरवरी, १९५३ में सदन के भीतर दलों की जो स्थिति थी उसमें कांग्रेस के तो वही ३६४ सदस्य थे किन्तु कम्युनिस्ट गुट में ३५, नेशनल डेमोक्रेट गुट में ३१, इंडिपेंडेंट गुट में २६, प्रजा

सोशलिस्ट गठबन्धन में २३ और असम्बद्ध १६ सदस्य थे। नेशनल डेमोक्रेटिक पार्टी (डॉ. श्यामाप्रसाद मुखर्जी) अपने नेतृत्व में जनसंघ, हिन्दू महासभा, अकाली दल, गणतंत्र परिषद आदि दक्षिणपंथी दलों को साथ जोड़ने में सफल हुई, कुछ स्वतंत्र सदस्य भी इनके साथ जुड़ गये। एक समय इस गुट के सदस्यों की संख्या ३२ तक पहुँच गई थी किन्तु यह अधिक समय तक नहीं चल सका और १९५३ में डॉ. मुखर्जी की मृत्यु के बाद बिखर गया।

प्रजा सोशलिस्ट पार्टी दो पार्टियों–कृषक मजदूर प्रजा पार्टी और सोशलिस्ट पार्टी के मिलन से बनी। दोनों को मिलाकर इस गुट की सदस्य-संख्या २८ तक पहुँची। आचार्य कृपलानी इसके नेता थे और सारंगधर दास उपनेता। बाद में १९५४ में एक उपचुनाव में चुनकर आने के बाद अशोक मेहता उपनेता हो गये थे। कम्युनिस्ट गुट में कम्युनिस्ट पार्टी के अलावा अन्य वामपंथी विचारों के सदस्य शामिल हो गये थे। इसका नेतृत्व ए.के. गोपालन के हाथों में रहा। प्रोफेसर हीरेन मुखर्जी और श्रीमती रेणु चक्रवर्ती उपनेता थे। इन्डिपेंडेंट गुट में १४ इन्डिपेंडेंट सदस्य, तीन झारखण्ड पार्टी के सदस्य, तीन राजा, एक राजमाता, तीन जागीरदार तथा दो व्यापारी अर्थात् कुल २६ सदस्य शामिल थे।

इन गुटों और गठबन्धनों के बन जाने से विपक्ष को शक्ति मिली और वह अपेक्षाकृत अधिक प्रभावी भूमिका निभा सका। कम से कम तीन-चार संसदीय गुट ऐसे थे जो काफी सीमा तक दलीय अनुशासन में चलते थे और सत्ताधारी कांग्रेस दल पर सशक्त अंकुश रखने का प्रयास करते थे। प्रथम लोकसभा में एक मान्यताप्राप्त सरकारी विपक्ष संगठित करने का सबसे गंभीर प्रयास १९५४ के अन्त में किया गया जब आचार्य कृपलानी के नेतृत्व में 'यूनियन ऑफ सोशलिस्ट्स एण्ड प्रोग्रेसिव्स' के नाम से एक नया गठबन्धन बना। यह गैर-कम्युनिस्ट वामपन्थी दलों

और सदस्यों को एक मंच पर लाने का प्रयास था। किन्तु इसमें केवल ४१ सदस्य एकत्र हो सके और वांछित ५० की संख्या तक नहीं पहुँचा जा सका। कांग्रेस की प्रधानता की स्थिति प्रथम लोकसभा के पूरे कार्यकाल तक बनी रही। विपक्ष संख्या में कमजोर और छोटे-छोटे टुकड़ों में बँटा रहा किन्तु यह नहीं कहा जा सकता कि विपक्ष प्रभावी नहीं रहा अथवा उसकी भूमिका सशक्त नहीं रही। विपक्ष की तरफ के सदस्यों में कई प्रमुख स्वाधीनता सेनानी, शक्तिशाली वक्ता और कुशल संसदज्ञ थे; जैसे आचार्य कृपलानी, अशोक मेहता, डॉ. श्यामाप्रसाद मुखर्जी, ए.के. गोपालन, हीरेन मुखर्जी, एन.सी. चटर्जी, रेणु चक्रवर्ती, एस.एस. मोरे, डॉ. लंका सुन्दरम, मेघनाथ साहा, एच.वी. कामथ, सरदार हुकम सिंह आदि। विपक्ष ने सभी महत्त्वपूर्ण अवसरों पर अपनी उपस्थिति का पूरा भान कराया। विपक्ष के द्वारा किये गये विरोध और प्रहारों के कारण ही १९५६ में टी.टी. कृष्णमाचारी को मंत्री-पद छोड़ना पड़ा। बहुत-से मामलों में कांग्रेस सरकार विपक्ष के सदस्यों के विचारों की अवहेलना नहीं कर सकती थी। कई प्रभावशाली विपक्षी नेता पुराने कांग्रेसी थे और अब भी कांग्रेस में उनके कुछ प्रशंसक और सहयोगी मौजूद थे। स्वयं जवाहरलाल नेहरू के बारे में माना जाता था कि वह विपक्ष की भावनाओं का आदर करते थे और कई बार अपने कांग्रेस सदस्यों की इच्छा के विरुद्ध भी, कठिन और विवादास्पद मसलों पर विपक्ष के नेताओं की बात मानते थे। १९५३ में ही लोकसभा में बोलते हुए उन्होंने कहा था :

> "मेरा पूर्ण विश्वास है कि किसी भी सरकार के लिए निर्भीक आलोचकों और विपक्ष का होना जरूरी है क्योंकि आलोचना के बिना लोग अपने में संतुष्ट अनुभव करने लगते हैं, सरकार आत्मसन्तुष्ट हो जाती है। सारी संसदीय व्यवस्था आलोचना पर आधारित है।"

जब संसद में डॉ. श्यामाप्रसाद मुखर्जी तथा अन्य कुछ विपक्षी नेताओं ने सरकार से उनके साथ नीतियों के बारे में सहयोग करने को कहा, नेहरू की प्रतिक्रिया सकारात्मक थी। उन्होंने सदन के प्रत्येक सदस्य के सहयोग का स्वागत किया क्योंकि कुछ मामलों में मूल मतभेदों के बावजूद काफी बड़ा कार्यक्षेत्र ऐसा था जिसमें परस्पर मिलकर काम किया जा सकता था। विचार वैभिन्न्य की दशा में भी निर्णय लेने से पहले विरोधी विचार को सुनना-समझना सदैव अच्छा होता है। नेहरू मानते थे कि विपक्ष के सदस्य भी देश के जनमत के किसी हिस्से का प्रतिनिधित्व करते हैं और इसलिए उनके विचारों और मत का भी अपना महत्त्व है, साथ ही विपक्ष सरकार को चुस्त और सही रास्ते पर रखने के लिए भी जरूरी है।

यह दूसरी बात है कि जब एक बार डॉ. श्यामाप्रसाद मुखर्जी से कहा गया कि उन्हें सच का सामना करना चाहिए तो उन्होंने तुरन्त उत्तर दिया कि मैं सच का सामना कैसे कर सकता हूँ, मैं तो सरकार का सामना कर रहा हूँ। सारा सदन हँस पड़ा और हँसी में शामिल होनेवालों में स्वयं नेहरू अग्रणी थे। सम्भवत: श्यामाप्रसाद मुखर्जी के भाषण के बीच जवाहरलाल नेहरू ने उन्हें ठीक सुना नहीं और क्रुद्ध होकर कह दिया कि मैं तो समझता था किसी सज्जन व्यक्ति को सुन रहा हूँ। कुछ देर बाद ही प्रधानमन्त्री को अपनी भारी भूल का अहसास हुआ और उन्होंने स्वत: ही बिना किसी लाग-लपेट के सदन से हार्दिक क्षमायाचना प्रस्तुत की। किन्तु, मुखर्जी ने कहा कि क्षमायाचना की कोई आवश्यकता नहीं है। इतना पर्याप्त है कि प्रधानमंत्री ने माना कि जिस भाषा का उन्होंने प्रयोग किया था वह अनुचित थी। पक्ष और विपक्ष के नेताओं के बीच यह संसदीय शिष्टाचार की पराकाष्ठा थी।

जब किसान मजदूर पार्टी और सोशलिस्ट पार्टी के मिलन से प्रजा सोशलिस्ट पार्टी जन्मी तो आशा लगी थी कि शायद एक सशक्त संसदीय विपक्ष पनप सकेगा। नेहरू भी ऐसे सैद्धान्तिक विपक्ष को बढ़ते देखना चाहते थे। उन्होंने कहा भी कि एक 'प्रभावी विपक्ष के लिये' वह केवल प्रजा सोशलिस्ट पार्टी की ही ओर देख सकते हैं। नेहरू ने विपक्ष को प्रभावी भूमिका निभाने लायक बनाने के लिए सुझाव भी दिये और कहा कि उसे समय की पुकार को समझंना चाहिए, जनता की आशाओं पर पूरा उतरना चाहिए तथा हर प्रकार के अन्याय के विरुद्ध जमकर लड़ना चाहिए और आम लोगों की कठिनाइयों को दूर करने के लिए सतत प्रयत्नशील रहना चाहिए।

जवाहरलाल नेहरू की पहल पर ही अकाली दल के एक सदस्य सरदार हुकुम सिंह को लोकसभा का उपाध्यक्ष चुना गया। यह पहला अवसर था जब किसी विपक्ष के सदस्य को इस पद पर निर्वाचित किया गया और एक नई परम्परा शुरू की गई।

७

दूसरी लोकसभा

१९५७-१९६२

दूसरी लोकसभा में भी कांग्रेस दल की भारी प्रधानता रही और कोई भी दल मान्यताप्राप्त विपक्ष न बन सका। कांग्रेस को ३७१ स्थान मिले जो प्रथम लोकसभा से सात अधिक थे। कम्युनिस्ट पार्टी को भी पहले से ११ अधिक कुल २७ स्थान मिले, प्रजा सोशलिस्ट पार्टी को केवल १९ स्थान मिले, जनसंघ को चार, १५ अन्य दलों को और स्वतंत्र उम्मीदवारों को ७२ स्थान मिले। अन्य दलों में कई क्षेत्रीय दल भी थे जिन्हें अच्छी सफलता मिली–जैसे झारखंड पार्टी और स्वतंत्र परिषद को सात-सात स्थान मिले।

हालाँकि संख्या की दृष्टि से विपक्ष कमजोर ही रहा, गुणात्मक स्तर पर देखें तो उसके सदस्य बड़ी उच्च कोटि की प्रतिभा वाले थे जिन्होंने संसदीय लोकतंत्र के सतर्क प्रहरी की भूमिका निभाने में कोई कमजोरी नहीं दिखायी। इन विशिष्ट विभूतियों में शामिल थे आचार्य कृपलानी, रेणु चक्रवर्ती, हीरेन मुखर्जी, एस.ए. डाँगे, अटलबिहारी वाजपेयी, ए.के. गोपालन, एन.जी. गोरे आदि। प्रख्यात संसदज्ञ मीनू मसानी और फ्रैंक एन्थोनी क्रमशः स्वतंत्र और मनोनीत सदस्य थे। जवाहरलाल नेहरू की सदा से सोशलिस्टों के साथ विशेष सहानुभूति रही थी। जब प्रजा सोशलिस्ट पार्टी निर्वाचनों में पुरी तरह असफल रही

तो जवाहरलाल नेहरू ने उसके नेताओं की ओर दोस्ती का हाथ बढ़ाया और उन्हें कांग्रेस की ओर खींचने का प्रयास किया। परिणाम यह हुआ कि गुरुपदस्वामी, अशोक मेहता और कितने ही सोशलिस्ट नेता १९५७ में कांग्रेस में ले लिये गये। अशोक मेहता को योजना मंत्री और योजना आयोग का डिप्टी चेयरमैन बना दिया गया और अपनी सोशलिस्ट योजनाओं और आदर्शों को राष्ट्रीय योजना का भाग बनाने का अवसर दिया गया।

यह सम्भवत: एक संयोग था कि आचार्य कृपलानी विपक्ष में थे और उनकी पत्नी सुचेता कृपलानी कांग्रेस में चली गई थीं। एक बार जब कृपलानीजी अपनी कँटीली कटाक्षभरी भाषा में कांग्रेस की तीखी आलोचना कर रहे थे तो एक कांग्रेस सदस्य ने चुटकी लेनी चाही और कहा : "आचार्यजी ऐसे दल की आलोचना कर रहे हैं जिसने उनकी पत्नी तक को अपनी ओर आकृष्ट कर लिया।" आचार्यजी कब चूकनेवाले थे, तुरन्त बोले: "अभी तक मैं समझता था कि कांग्रेसी लोग निकम्मे और मूर्ख हैं किन्तु अब पता चला कि वह गुण्डे भी हैं जो दूसरों की पत्नियों को भगा ले जाते हैं।" पक्ष-विपक्ष की इस नोंक-झोंक से सारा सदन हँसी से गूँज उठा।

दूसरी लोकसभा के कार्यकाल में विपक्ष कतिपय वाचाल रहा। विपक्ष के सदस्यों ने काफी महत्त्वपूर्ण मामले उठाये। प्रोफेसर हीरेन मुखर्जी जैसे सदस्य सदैव सरकार को दुविधा में डालने का मौका देखते रहते थे। संसद में शक्तिशाली विरोध और दबाव के कारण ही सरकार को बेरुबारी वाला मामला उच्चतम न्यायालय में राय के लिए भेजना पड़ा था। इस बीच कांग्रेस के भीतर भी एक विपक्ष था जो नेतृत्व को परेशान रखता था। नेहरूजी के अनुसार वह अपने दल के लोगों से आई आलोचना का स्वागत करते थे और कहते थे कि कांग्रेस के अन्दर सरकार की नीतियों की आलोचना करने का पूरा अवसर

मिलता है। प्रसिद्ध मूँदड़ा काण्ड कांग्रेस सदस्यों ने ही उजागर किया था जिसमें कांग्रेस के एक वरिष्ठ मंत्री को अपना पद छोड़ना पड़ा।

प्रोफेसर हीरेन मुखर्जी के अनुसार जवाहरलाल नेहरू ऐसे आलोचक की हृदय से कद्र करते थे जो शक्तिशाली आघात दे भी सके और सह भी सके। २३ फरवरी, १९६१ को राष्ट्रपति के अभिभाषण पर धन्यवाद प्रस्ताव पर बोलते हुए, अशोक मेहता ने अभिभाषण की कड़ी आलोचना की और कहा कि उसमें न रंग था और न कोई सुगंध, वह तो नितान्त निरर्थक सिद्ध हो रहा था। बहस का जवाब देते हुए सबसे पहले नेहरू ने अशोक मेहता द्वारा प्रस्तुत आलोचना को लिया और कहा कि अभिभाषण की आलोचना काफी हद तक सही थी और माना कि अभिभाषण के लिए सारी जिम्मेवारी उनकी और उनकी सरकार की है।

दूसरी लोकसभा के कार्यकाल की एक प्रमुख घटना थी केरल की निर्वाचित कम्युनिस्ट सरकार की बर्खास्तगी और राष्ट्रपति शासन का राज्य पर थोपा जाना। जब विपक्ष ने संसद में इस लोकतंत्र-विरोधी कदम पर क्षोभ प्रकट किया तो नेहरूजी ने कहा कि वह स्वयं नहीं चाहते कि ऐसी स्थिति फिर कभी आये जब ऐसा अलोकतांत्रिक कदम उठाना पड़े। जब विपक्षी सदस्यों ने लोकतंत्र की हत्या की बात कीं तो जवाहरलाल नेहरू ने जवाब दिया :

> ''मुझे एक कहानी याद आती है। एक अभागा युवक था जिसने अपने माता-पिता को मार डाला। जब उसे अदालत के सामने पेश किया गया तो उसने अनाथ होने के आधार पर दया की भीख माँगी।''

जब अटलबिहारी वाजपेयी ने जवाहरलाल नेहरू के एक पूर्व सचिव एम. ओ. मथाई के विरुद्ध विशेषाधिकार हनन की

एक शिकायत पेश की तो स्वयं जवाहरलाल नेहरू ने सिफारिश की कि मामले को रफा-दफा करने की कोई कोशिश न की जाये और विशेषाधिकार समिति को सौंप दिया जाये। उन्होंने कहा :

> "जब सदन का एक अंग चाहता है कि कुछ किया जाना चाहिए तो फिर यह मामला ऐसा नहीं रह जाता जिसे बहुमत से तय किया जाये और उन भावनाओं की अवहेलना कर दी जाये।"

जब विपक्ष के एक प्रमुख नेता आचार्य कृपलानी की एक पाक्षिक पत्रिका *ब्लिट्ज़* में 'कृपालूनी महाभियोग–बुरे, काले, नंगे झूठ' के शीर्षक से खिल्ली उड़ाई गई तो पूरे सदन ने उसकी भर्त्सना की, मामला विशेषाधिकार समिति को सौंपा गया और अन्त में *ब्लिट्ज़* के सम्पादक और सम्वाददाता को सदन के सामने बुलाकर लताड़ा गया।

८

तीसरी लोकसभा

१९६२-१९६७

कांग्रेस की प्रधानता तीसरी लोकसभा में भी कायम रही। तीसरी लोकसभा में उसे ३६१ स्थान मिले जो ७३ प्रतिशत से अधिक थे यद्यपि दूसरी लोकसभा की तुलना में इस बार कांग्रेस को १० स्थान कम मिले थे। अन्य प्रमुख दलों में कम्युनिस्ट पार्टी को २९, स्वतंत्र पार्टी को २२, जनसंघ को १४ और प्रजा सोशलिस्ट पार्टी को १२ स्थान मिले। लगातार तीसरी बार, विपक्ष का कोई भी दल ५० की संख्या तक पहुँचने में असफल रहा जिसके कारण तीसरी लोकसभा में भी कोई मान्यताप्राप्त विपक्ष न बन सका। कम्युनिस्ट पार्टी दूसरे नम्बर पर रही, उसने दूसरी लोकसभा की तुलना में अपनी स्थिति में सुधार किया। इसी प्रकार जनसंघ भी ४ से बढ़कर १४ पर पहुँच गया। दूसरी ओर प्रजा सोशलिस्ट पार्टी जिसे दूसरी लोकसभा में १९ स्थान प्राप्त थे, अब केवल १२ स्थान जीत पायी। तीसरी लोकसभा की सबसे महत्त्वपूर्ण घटना थी, एक शुद्ध दक्षिणपंथी कॉन्ज़रवेटिव दल, स्वतंत्र पार्टी का उद्‌भव, जिसे पहले ही प्रयास में २२ स्थान मिले। पार्टी के नेता थे चक्रवर्ती राजगोपालाचारी, प्रोफेसर एन.जी. रंगा, के.एम. मुंशी, एम.आर. मसानी आदि। इसके प्रमुख सदस्यों में अनेक पुराने राजे-महाराजे, बड़े व्यापारी, उद्योगपति और धनी जमींदार थे। स्वतंत्र पार्टी और जनसंघ के बढ़ते हुए

प्रभाव और सोशलिस्टों की घटती हुई साख से लगता था कि विपक्ष का झुकाव अनुदारवादी प्रवृत्तियों की ओर हो रहा था। साथ ही एक क्षेत्रीय दल द्रविड़ मुन्नेत्र खड़गम को सात स्थान मिलना क्षेत्रीय विचारधाराओं के बढ़ते हुए प्रभाव की ओर इंगित करता था।

कांग्रेस के सत्ता में लम्बे समय तक एकाधिकार और आधिपत्य के कारण जनमानस में और संसद में कांग्रेस दल सत्तापक्ष का पर्यायवाची बन गया और विपक्ष का अर्थ हो गया गैर-कांग्रेसी या कांग्रेस-विरोधी दल। स्पष्ट है कि विपक्ष कमजोर और बिखरा हुआ ही बना रहा किन्तु ऐसा नहीं था कि भारी संख्या में होने के कारण सत्ताधारी कांग्रेस दल निरंकुश एकदलीय शासन स्थापित कर सका हो या उसका नेतृत्व अपनी मनमानी कर सका हो। विपक्ष में इस बार कई प्रभावी दिग्गज संसदज्ञ और अनुभवी नेता थे जो लोकसभा में निरन्तर सक्रिय रहे। इनमें प्रमुख थे डॉ. राममनोहर लोहिया, रामसेवक यादव, मनीराम बागड़ी, मधुलिमये, प्रकाशवीर शास्त्री, होमी दाजी, रेणु चक्रवर्ती, ए.के. गोपालन, हीरेन मुखर्जी, एस.सी. चटर्जी, एच.वी. कामथ, आचार्य कृपलानी, एम.आर. मसानी, प्रोफेसर एन.जी. रंगा, सुरेन्द्रनाथ द्विवेदी, त्रिदिबकुमार चौधरी आदि। इनमें दोनों तरह के सांसद थे, कुछ अपने गले की शक्ति पर निर्भर और कुछ अपनी कुशाग्र बुद्धि और विद्वत्ता पर। कुछ दोनों ही तरह से विशिष्ट थे। मधु लिमये प्रक्रिया संबंधी नियमों और संविधान की धाराओं में पारंगत थे और संसद में अपने मन्तव्य के लिये उनका समुचित प्रयोग करना जानते थे। रोज ही मधु लिमये अपनी भारी आवाज में कोई न कोई विशेषाधिकार हनन का मामला उठा देते और अध्यक्ष हुकुम सिंह को उन्हें सँभालना कठिन होता।

एक बार जब मधुजी की ऊँची आवाज से अध्यक्ष रुष्ट होने लगे तो एक अन्य समाजवादी सदस्य ने यह कहकर बात

सँभाली, "अध्यक्ष महोदय, मधुजी का बुरा न मानें, वह तो अपनी पत्नी से भी ऐसे ही प्यार से बोलते हैं।" प्रकाशवीर शास्त्री इतनी प्यारी धाराप्रवाह हिन्दी बोलते कि लगता कि मिसरी घोलते जा रहे हैं। कामथ के अपने स्थान से उठते ही सरकारी पक्ष आतंकित अनुभव करने लगता था।

भारत पर चीन के हमले के समय जब प्रधानमंत्री नेहरू ने सदस्यों की उत्तेजना को यह कहकर शान्त करना चाहा कि "हम अपनी एक इंच जमीन भी चीन को नहीं देंगे" तो कामथ अपने को नहीं रोक सके और प्रधानमंत्री से पूछ बैठे, "आपके नक्शे में एक इंच कितने मील के बराबर है?"

जब अकसाईचिन के बारे में नेहरूजी ने कहा कि वहाँ पर तो घास का एक तिनका भी नहीं उगता तो महावीर त्यागी तत्काल खड़े हो गये और अपने गंजे सिर की ओर इंगित करके बोले, "मेरे सिर पर एक भी बाल नहीं है तो क्या मैं इसे शत्रु को सौंप दूँ?"

डॉ. लोहिया के कटीले तर्कों के सामने जवाहरलाल नेहरू तक को कई बार चुप हो जाना पड़ता था। उनके तीखे कटाक्ष तीर की तरह अपना काम करते थे। एक उपचुनाव में चुनकर आने के बाद जब पहले दिन उन्होंने लोकसभा में प्रवेश किया तो लगा, न केवल विपक्ष में वरन् सारे सदन में नवजीवन का संचार हो गया हो, सदन में सभी ने खड़े होकर उनका स्वागत किया।

ऐसे कितने ही ऐतिहासिक दृश्य याद आते हैं जब डॉ. लोहिया ने प्रधानमंत्री जवाहरलाल नेहरू को अपनी क्रूर और कठोर आलोचनाओं और कटाक्षों का निशाना बनाया। 'तीन आने बनाम पन्द्रह आने' नामक वाद-विवाद में उन्होंने ठोस तर्क देकर सिद्ध किया कि देश के आम आदमी की दैनिक आय केवल साढ़े तीन आने या चार आने थी। पंडितजी की ओर इशारा करते

हुए डॉ. लोहिया एक बार तो बोले, ''इन हजरत को देखिये, इनके कुत्ते का रोज का खर्च २५ रुपये और देश के आम आदमी की रोजाना आय २५ पैसे। डॉ. लोहिया ने प्रधानमंत्री की निजी सुरक्षा और सुविधाओं पर होनेवाले भारी व्यय की भी आलोचना की। यह दूसरी बात है कि लोहियाजी के पूरे भाषण के बीच पंडित नेहरू अपने बायें हाथ पर ठोड़ी टेके हुए चुपचाप बैठे रहे और मुस्कुराते हुए अपनी आलोचना सुनते रहे।

जब एक बार नेहरूजी को याद दिलाया गया कि उन्होंने वायदा किया था कि देश अनाज के मामले में आत्मनिर्भर हो जायेगा और बाहर से अनाज मँगाने की आवश्यकता नहीं रहेगी तो उन्होंने बेहिचक उत्तर दिया : ''मुझे खेद है कि मेरे शब्द गलत साबित हुए। मैं बुरी तरह शर्मिन्दा हूँ कि जो देश को मेरा वचन था, मैं उसे पूरा न कर सका।'' ऐसे अवसरों पर सत्तापक्ष और विपक्ष दोनों की ही भूमिका स्वर्णिम होकर सामने आती थी।

मनीराम बागड़ी सदन के फर्श पर निडर भावना से, सभी कायदे-कानूनों की बंदिश तोड़, सरकार को सताने और रास्ते पर लाने के लिए कुछ भी कर सकते थे अत: बड़े से बड़े मंत्री उनसे घबराते थे। हीरेन मुखर्जी, कृपलानी, रेणु चक्रवर्ती आदि की उच्च कोटि की वक्तृता सरकार की नीतियों और कृत्यों की बखिया उधेड़कर रख देती थी। ऐसे कुशल विपक्ष की अनदेखी करना सरकार के लिए असम्भव था। साथ ही कांग्रेस के भीतर भी विरोध के स्वरों को नेतृत्व दबाकर नहीं रख सकता था।

नतीजा यह हुआ कि तीसरी लोकसभा के कार्यकाल में कई मंत्रियों को अपने पदों से हाथ धोना पड़ा। पूरे मंत्रिमंडल पर भी पहली बार अविश्वास का प्रस्ताव आया। रक्षामंत्री कृष्ण मेनन को प्रधानमंत्री की अनिच्छा के बावजूद मंत्रिमंडल से

त्यागपत्र देना पड़ा क्योंकि वह देश के सैन्यबलों को चीन के आक्रमण के विरुद्ध तैयार रखने में असफल रहे थे, बेकार की योजनाओं पर उन्होंने रक्षा मंत्रालय का धन व्यय किया था और सैन्यबलों का ध्यान उनके मुख्य क्षेत्र से हटाया था और उनकी उच्च श्रेणियों में मतभेद और गुटबाज़ी पैदाकर सैन्यबलों का मनोबल गिराया था। गुलजारीलाल नन्दा को गृहमंत्री की कुर्सी छोड़नी पड़ी क्योंकि वह दिल्ली में गोहत्या-विरोधी आन्दोलन के समय कानून और व्यवस्था सुरक्षित नहीं रख सके थे। केशवदेव मालवीय के विरुद्ध उच्चतम न्यायालय के एक न्यायाधीश से जाँच करानी पड़ी और उनका मंत्री पद से त्यागपत्र लेना पड़ा क्योंकि उन पर किसी कम्पनी के साथ पक्षपात करने और उससे कुछ रुपया लेने का आरोप था। टी.टी. कृष्णमाचारी को भी मंत्री पद एक बार फिर छोड़ना पड़ा जब १० सांसदों ने उनके विरुद्ध एक ज्ञापन राष्ट्रपति को भेजा जिसमें उनके द्वारा अपने मन्त्री पद के दुरुपयोग के आरोप थे।

२२ अगस्त, १९६३ को आचार्य कृपलानी ने नेहरू मंत्रिमण्डल के विरुद्ध अविश्वास का प्रस्ताव लोकसभा के सामने रखा। एक ठोस आरोप यह था कि प्रधानमंत्री ने चीन की आक्रामक घुसपैठ का मामला संसद से कुछ समय तक छिपाये रखा। नेहरू ने इस अवसर पर सांसदों को अविश्वास प्रस्ताव का अर्थ और उद्देश्य समझाने का प्रयास किया। उनका कहना था कि अविश्वास प्रस्ताव सत्ताधारी दल को हटाकर उसकी जगह दूसरी सरकार बनाने के लिए होता है अत: अविश्वास प्रस्ताव रखनेवाले विपक्ष को अपने में इतना सशक्त और आश्वस्त होना चाहिए कि वह अपनी सरकार बनाने में सक्षम है। यदि ऐसा नहीं है तो अविश्वास प्रस्ताव का कोई अर्थ नहीं रह जाता। प्रधानमंत्री ने कहा कि व्यक्तिगत रूप से वह अविश्वास प्रस्ताव पर हुए वाद-विवाद का स्वागत करते हैं, समय-समय पर ऐसे अवसर आते रहने से सरकार का भला होता है। किन्तु, जब देश के

भविष्य का प्रश्न हो तो निम्न स्तर पर उतरकर व्यक्तिगत आरोपों और अपशब्दों के प्रयोग में उलझना अच्छा नहीं।

४ अगस्त, १९६६ को एक और अविश्वास प्रस्ताव आया। यह इन्दिरा गाँधी मंत्रिमण्डल के विरुद्ध था और प्रस्ताव रखने वाले थे प्रोफेसर हीरेन मुखर्जी। मुखर्जी ने 'रुपये के अवमूल्यन' को देश के साथ विश्वासघात बताया और कहा कि यह अन्तर्राष्ट्रीय मुद्राकोष और उनके भारतीय सहयोगियों के सामने आत्मसमर्पण है। इसके द्वारा देश की अर्थव्यवस्था पर नियंत्रण विश्वबैंक और अमेरिका के हाथों सौंपा जा रहा है। मुखर्जी ने बड़े कड़े शब्दों में देश की प्रभुसत्ता और स्वतंत्रता को खतरे में डालने के लिए कांग्रेस सरकार की भर्त्सना की। उन्होंने कहा कि सरकार निकम्मी, संवेदनहीन और भ्रष्ट है, उसने जनता का विश्वास खो दिया है अतः सदन में भारी बहुमत में होते हुए भी उसे सत्ता में रहने का कोई अधिकार नहीं रहा है।

प्रोफेसर रंगा का विचार था कि भ्रष्टाचार के लिए लाइसेन्स, कोटा और परमिट राज जिम्मेदार है। डॉ. लोहिया ने कहा कि देश भर में होनेवाली अनेक हड़तालों के पीछे सरकार की गलत नीतियां हैं। उन्होंने कहा कि सरकार को यह समझना चाहिए कि उसे हटाने के लिए केवल निर्वाचन ही एकमात्र रास्ता नहीं है। विपक्ष के अधिकांश सदस्यों ने रुपये के अवमूल्यन के लिए सरकार की निन्दा की। स्वतंत्र पार्टी के सदस्यों ने खुली अर्थव्यवस्था और आर्थिक उदारीकरण की नीति अपनाये जाने की वकालत की। कई विपक्षी सदस्यों ने महँगाई, भ्रष्टाचार, भाई-भतीजावाद और रिश्वतखोरी के लिए सरकार को आड़े हाथों लिया।

यद्यपि दोनों अविश्वास प्रस्ताव भारी मत से पराजित हुए, पर उन्होंने जनमत को जाग्रत करने का काम किया और दर्शाया कि विपक्ष की भूमिका कहाँ तक जा सकती है और कैसे सरकार को लोकसभा के सामने कठघरे में खड़ा कर सकती है।

जब तक जवाहरलाल नेहरू जीवित रहे वह बार-बार सरकार के लिए विरोध, आलोचना और विपक्ष की अहम भूमिका पर जोर देते रहे। वह चाहते थे आलोचना निर्भीक और स्वतंत्र हो, उस पर कोई अनावश्यक अंकुश न हो किन्तु, साथ ही विपक्ष को यह ध्यान रखना चाहिए कि केवल दलगत राजनीतिक लाभ के लिए सरकार को बुरा-भला कहना अथवा उसकी छवि बिगाड़ने का प्रयास करना ठीक नहीं। आलोचना करना आसान है। यह दुर्भाग्य की बात थी कि संसदीय जीवन से सौम्यता विदा लेती जा रही थी। संसद और राज्यों की विधान-पालिकाओं के नियमों, परम्पराओं, प्रथाओं और आचारों की सार्थकता पर प्रश्नचिह्न लगाये जा रहे थे और विधायी सदनों में अराजकता, अस्तव्यस्तता, अनुशासनहीनता और तरह-तरह की गड़बड़ी फैलती जा रही थी। सभी दलों के सदस्यों के लिए चाहे वे सत्ता में हों या विपक्ष में, अपनी-अपनी भूमिकाएँ निभाते समय कुछ संसदीय मानकों का मान रखना जरूरी था अन्यथा संसदीय लोकतंत्र चल नहीं सकता था।

९

चौथी लोकसभा

१९६७-१९७०

चौथे आमचुनाव से पहले देश बड़ी कठिन परिस्थितियों से गुजरा था—चीनी आक्रमण, पाकिस्तान से युद्ध, दो प्रधानमंत्रियों—नेहरू और शास्त्री—की मौत, व्यापक सूखा और अनाज की तंगी, रुपये का अवमूल्यन आदि। इस सबके बाद भी लोकसभा में कांग्रेस का स्पष्ट बहुमत बना रहा। विपक्ष अनेक दलों में बिखरा और कमजोर ही रहा। किन्तु राज्यों के स्तर पर ८ राज्यों में गैर-कांग्रेसी संविद सरकारें बनीं और केन्द्र में भी कुछ मूलभूत बदलाव आये। पहली बार कांग्रेस का बहुमत दो-तिहाई से कम हुआ और उसकी सदस्य संख्या २८३ रह गई। विपक्ष में स्वतंत्र पार्टी को सबसे अधिक ४२ और जनसंघ को ३५ स्थान मिले जो उन दोनों के लिए भारी उपलब्धियाँ थे। कम्युनिस्ट पार्टी सी.पी.एम. और सी.पी.आई. में विभाजित हो गई थी। उन दोनों को १९ और २३ यानी कुल मिलाकर ४२ स्थान मिले जो अभूतपूर्व था। क्षेत्रीय दल द्रविड़ मुन्नेत्र कड़गम ने २५ के २५ स्थान लड़े और सारे जीते। १०० प्रतिशत चुनावी सफलता अपने में एक रिकार्ड था। संयुक्त सोशलिस्ट पार्टी को २३ और प्रजा सोशलिस्ट पार्टी को १३ यानी दोनों को मिलाकर ३६ स्थान मिले जो अब तक सोशलिस्टों के लिए भी सबसे अधिक थे। स्वतंत्र सदस्यों की संख्या में भी विशेष वृद्धि हुई और उनकी संख्या

४२ तक पहुँच गई। इसके अतिरिक्त १५ स्थान १० दलों में बँटे हुए थे। इस प्रकार कुल मिलाकर चौथी लोकसभा में दलों की स्थिति बहुत बदली हुई थी। सत्ताधारी कांग्रेस का भारी वर्चस्व कम हुआ था और विपक्ष के कई दलों को भारी लाभ हुए थे यद्यपि अब भी विपक्ष बिखरा हुआ था और किसी एक दल को औपचारिक सरकारी विपक्ष के रूप में मान्यता पाने के लिए आवश्यक कम से कम ५० की संख्या तक पहुँचना शेष था। एक नयी स्थिति अवश्य पैदा हुई थी और वह थी गैर-कांग्रेसवाद। सत्ता से बाहर विपक्ष में लगभग सभी दल कांग्रेस के विरोधी थे।

चौथी लोकसभा में विपक्ष बड़ा भारी-भरकम, योग्य और प्रभावशाली था। उसके प्रमुख सदस्यों की सूची देश की बड़ी से बड़ी राजनीतिक हस्तियों का परिचयपत्र-सा लगती थी। उनमें कुछ नाम थे: आचार्य कृपलानी, डॉ. लोहिया, मधु लिमये, प्रोफेसर हीरेन मुखर्जी, एस.एम. बनर्जी, विजयलक्ष्मी पंडित, प्रकाशवीर शास्त्री, अटलबिहारी वाजपेयी, पीलू मोदी, एम.आर. मसानी, कंवरलाल गुप्त, सुरेन्द्रनाथ द्विवेदी, ज्योतिर्मय बसु, प्रोफेसर एन.जी. रंगा, सुचेता कृपलानी, ए.के. गोपालन, जॉर्ज फरनांडिस, इन्द्रजीत गुप्त, बलराज मधोक, हेम बरुआ और अन्तिम किन्तु बहुत महत्त्वपूर्ण नाथ पाई। यह सब ऐसे नाम थे जिनसे देश का घर-घर, जन-जन परिचित था और जो जनहित के लिए लड़ने के लिए तथा संसदीय जीवन और संस्थाओं में अपने भारी योगदान के लिए व्यापक रूप से जाने जाते थे।

इसी बीच कांग्रेस के भीतर भी सैद्धांतिक, व्यक्तिपरक और सत्तागत संघर्ष पनप रहा था और किसी समय भी, किसी तरह भी विस्फोट हो सकता था। मोरारजीभाई देसाई और श्रीमती इन्दिरा गाँधी के बीच सम्बन्ध बहुत मधुर नहीं थे यद्यपि दोनों प्रधानमंत्री और उपप्रधानमंत्री पद पर आसीन थे। बैंक राष्ट्रीयकरण

के विरुद्ध होने के आधार पर मोरारजी से वित्त मंत्रालय का कार्यभार ले लिया गया, मोरारजी ने त्यागपत्र दे दिया जो स्वीकृत हो गया। बैंकों का राष्ट्रीयकरण हो गया। राष्ट्रपति पद के लिए चुनाव आया तो प्रधानमंत्री इन्दिरा गाँधी ने कांग्रेस के अपने मनोनीत प्रत्याशी संजीव रेड्डी के विरुद्ध काम किया, स्वतंत्र प्रत्याशी वी.वी. गिरि का समर्थन किया। गिरि जीत गये। इन्दिरा गाँधी और कांग्रेस सिंडीकेट के बीच लड़ाई 'आत्मा बनाम अनुशासन' के नारे से लड़ी गई। चौथी लोकसभा के नवें सेशन (नवम्बर-दिसम्बर, १९६९) के बीच विशालकाय कांग्रेस दल का विभाजन हो गया। कांग्रेस संसदीय दल के ६२ सदस्य दल छोड़कर बाहर चले गये और उन्होंने कांग्रेस (ओ) नाम से विपक्ष में बैठना तय किया। सरकार का पूर्ण बहुमत समाप्त हो गया। सत्ताधारी कांग्रेस अल्पमत में आ गई और कांग्रेस (ओ) अथवा कांग्रेस संगठन ५५ सदस्यों के साथ एक नयी संसदीय पार्टी और संसदीय इतिहास में पहली बार मान्यता प्राप्त विपक्ष बन गई। डॉ. रामसुभग सिंह को इस संसदीय दल का नेता होने के नाते विपक्ष का नेता भी माना गया। १७ दिसम्बर, १९६९ को लोकसभा के अध्यक्ष ढिल्लों ने सदन में घोषणा की, "उन्हें कोई आपत्ति नहीं होगी यदि डॉ. रामसुभग सिंह को विपक्ष के नेता के रूप मे मान्यता मिले।" प्रधानमन्त्री श्रीमती गाँधी ने डॉ. रामसुभग सिंह को उनके नेता विपक्ष बनने पर बधाई दी और सहयोग की आशा प्रकट की।

अल्पमत में आने के बाद श्रीमती गाँधी का मंत्रिमंडल विपक्ष के कुछ सदस्यों के समर्थन पर आश्रित हो गया था। यह समर्थन मिला प्राय मुस्लिम लीग, द्रमुक, सी.पी.आई., अकाली दल और कुछ स्वतंत्र सदस्यों से। थह विपक्षी दलों के लिए नयी भूमिका थी और सत्ताधारी कांग्रेस के लिए भी नितान्त नयी स्थिति। इसके बाद न केवल लोकसभा में एक मान्यताप्राप्त सरकारी विपक्ष दल था और विपक्ष का एक मान्य नेता बल्कि

विपक्ष का अस्तिव बड़े प्रभावी ढंग से हर मौके पर सामने आने लगा, हर प्रकार के प्रक्रिया सम्बन्धी साधनों और उपायों का प्रयोग कर विपक्ष सरकारी पक्ष को प्रताड़ित करने और अपनी मनमर्जी न करने देने के लिए कृतसंकल्प रहने लगा। जो विपक्षी दल और सदस्य सरकार का समर्थन कर रहे थे वे भी अपनी विशिष्ट भूमिका जताने और मूल्य वसूल करने से चूकने वाले नहीं थे।

चौथी लोकसभा की एक उपलब्धि यह थी कि गैर-कांग्रेसी विपक्ष की आपस में तालमेल की प्रक्रिया आगे बढ़ी। चौथी लोकसभा से ही लोक लेखा समिति का अध्यक्ष विपक्ष से होने की परम्परा पड़ी।

१०

पाँचवी लोकसभा

१९७१-१९७७

पाँचवीं लोकसभा में इन्दिरा गाँधी के नेतृत्व में कांग्रेस एक बार फिर भारी बहुमत के साथ लौटी। प्रमुख विपक्षी दल कांग्रेस (ओ) को लज्जाजनक हार का मुँह देखना पड़ा। क्षेत्रीय दलों की भी काफी क्षति हुई। कांग्रेस को ३५० स्थान मिले, कांग्रेस (ओ) को १६, जनसंघ को २२, सी.पी.आई को २३, सी.पी.एम. को २५, स्वतंत्र पार्टी को आठ तथा दोनों सोशलिस्ट पार्टियों को कुल ५। उसके बाद राज्यविधान सभाओं के १९७२ में हुए चुनावों के बाद और गैर-कांग्रेसी दलों में फूट-दर-फूट और विभाजन-पर-विभाजन के बाद विपक्ष समाप्त सा हुआ लगा और कांग्रेस का पुनः एकछत्र राज्य हो गया। बहुतसे प्रमुख विपक्षी नेता वापस नहीं आये। जो बचे उनमें विशेष थे ज्योतिर्मय बसु, अटलबिहारी वाजपेयी, पीलू मोदी, मधु लिमये, पी.जी. मावलंकर आदि।

पाँचवीं लोकसभा कई प्रकार से बहुत महत्त्वपूर्ण रही। राष्ट्रीय और अन्तर्राष्ट्रीय कई घटनाएँ ऐसी हुईं जिनको लेकर संसद में गम्भीर वाद-विवाद हुए। कई बार तो सदन के वातावरण में इतना तनाव हो जाता था कि तत्कालीन अध्यक्ष डॉ. ढ़िल्लों के अनुसार उन्हें एसपीरीन की गोलियाँ खाकर आना पड़ता था। नगरवाला मामले में स्टेट बैंक द्वारा केवल मौखिक आदेश पर

६० लाख रुपया दिये जाने पर संसद में विपक्ष ने काफी हँगामा किया। अध्यक्ष की आज्ञा की बार-बार अवहेलना करने के लिए एक प्रमुख विपक्षी सदस्य ज्योतिर्मय बसु को सदन से निलम्बित किया गया। आन्तरिक सुरक्षा विधेयक को लेकर लम्बी बहस हुई। मधु लिमये आदि ने न्यायाधीशों की वरीयता को इंदिरा गाँधी द्वारा अनदेखा किये जाने का मामला उठाया। रेल मंत्री ललितनारायण मिश्र का पांडिचेरी लाइसेंस केस उठाया गया।

१९७३ के बाद इन्दिरा गाँधी की लोकप्रियता बराबर गिरती ही चली गई। १९७१-७३ तक लगातार तीन साल तक व्यापक सूखे, मुद्रस्फीति, हड़तालें आदि की समस्याएँ आईं। किन्तु, १९७४ में जयप्रकाश नारायण के समग्र क्रान्ति आन्दोलन ने मृतप्राय विपक्ष में नयी जान-सी फूँक दी। जून १९७५ में आन्तरिक आपातकाल की उद्घोषणा की गयी जिसकी संसद में विपक्ष द्वारा कड़ी आलोचना की गयी किन्तु साम्यवादी नेता (वर्तमान गृहमंत्री) श्री इन्द्रजीत गुप्त ने इसका पूरा समर्थन किया। चौदह घंटे की लम्बी बहस के बाद उद्घोषणा सम्बन्धी संकल्प स्वीकृत हो गया। सबसे अधिक आलोचना हुई दो बार, एक-एक वर्ष के लिए, लोकसभा का कार्यकाल बढ़ाने की और संविधान में २४वें संशोधन की। जयप्रकाश के आन्दोलन तथा आपातकाल में हुई ज्यादतियों के विरोध में असन्तोष से कांग्रेस सरकार की स्थिति कमजोर हुई। पाँचवीं लोकसभा में विपक्ष के कई प्रमुख नेताओं को कारावास भोगना पड़ा। संसद की कार्यवाही के समाचारपत्रों में प्रकाशन पर सेन्सर लगाया गया। संसद के भीतर विपक्ष बहुत कमज़ोर था, शायद इसीलिए वह सड़कों पर उतर आया, देश भर में बंद आयोजित हुए। लोकसभा और राज्यसभा के प्रक्रिया सम्बन्धी नियमों में व्यापक परिवर्तन किये गये जिनसे सांसदों के और विपक्ष के अधिकारों का अतिक्रमण हुआ। प्रश्नकाल पर भी असर पड़ा। विपक्ष के अधिकतर सदस्यों ने सदन की बैठकों से अपने को हटा लिया।

विपक्ष द्रमुक के एक सदस्य एरा सेज़ियान ने लोकसभा में कहा, "यदि संसदीय लोकतंत्र से आपका मतलब केवल संवैधानिक प्रक्रिया है तो इससे देश में लोकतंत्र नहीं आयेगा। केवल लोकतंत्र का ढाँचा नहीं, आत्मा भी चाहिए और यह आत्मा है विपक्ष का आदर करने की भावना, न केवल विपक्ष को बर्दाश्त करना बल्कि विपक्ष के विचारों को सकारात्मक मान्यता देना।"

११

छठी लोकसभा

१९७७-१९७९

१९७७ में छठी लोकसभा के लिए निर्वाचन की घोषणा होते ही चार प्रमुख दलों कांग्रेस (ओ), जनसंघ, भारतीय क्रांतिदल और सोशलिस्ट पार्टी ने मिलकर एक नई पार्टी, जनता पार्टी बना ली और कांग्रेस छोड़कर जगजीवनराम ने एक दल कांग्रेस फॉर डेमोक्रेसी के नाम से गठित किया। इन दोनों नये दलों ने एक कांग्रेस विरोधी-मोर्चा तैयार किया जिसमें कुछ क्षेत्रीय दलों का सहयोग भी मिला। निर्वाचन में कांग्रेस बुरी तरह पराजित हुई। आपातकालीन ज्यादतियों के विरोध में जनता ने अपना गुस्सा निकाला और उत्तरी भारत में तो बिहार, हरियाणा, हिमाचलप्रदेश, पंजाब, उत्तरप्रदेश और दिल्ली से कांग्रेस को लोकसभा की एक सीट भी नहीं मिली। मध्यप्रदेश और राजस्थान से केवल एक-एक सीट मिली। दक्षिण में फिर भी कांग्रेस को ऐसी मात नहीं खानी पड़ी। कुल मिलाकर कांग्रेस को १५२, जनता मोर्चे को २९७, सी.पी.आई. को सात और सी.पी.एम. को २२ स्थान मिले। कांग्रेस का ३० साल का आधिपत्य खत्म हुआ और मोरारजी के नेतृत्व में जनता पार्टी की सरकार बनी और कांग्रेस मान्यताप्राप्त विपक्ष बन गया। जनता पार्टी की सरकार ने मिले हुए स्वर्णिम अवसर को गँवा दिया। वह इन्दिरा गाँधी और कांग्रेस से प्रतिशोध लेने में लगी रही। विशेषाधिकार के मामले में इन्दिरा

गाँधी को लोकसभा की सदस्यता से निकाल दिया गया और जेल भी भेजा गया। किन्तु जल्दी ही नेताओं की अपनी-अपनी महत्त्वकांक्षाओं के कारण जनता पार्टी में फूट पड़ गयी। कांग्रेस विपक्ष की ओर से १० जुलाई, १९७९ को यशवंतराव चव्हाण ने मोरारजी सरकार में अविश्वास का प्रस्ताव रखा और १५ जुलाई को मोरारजी ने त्यागपत्र दे दिया। कुछ दिन के लिए कांग्रेस की मदद से चरण सिंह की सरकार बनी और फिर ताजा चुनाव कराने पड़े। पहली गैर कांग्रेस (जनता पार्टी की) सरकार असफल हो गई थी।

१२

सातवीं लोकसभा

१९८०-१९८४

१९८० में इन्दिरा गाँधी और कांग्रेस एक बार फिर भारी बहुमत से लोकसभा में सत्तापक्ष के रूप में वापस आईं। कांग्रेस को ३५३, जनता पार्टी के दो गुटों को ३१ और ४१, सी.पी.आई को ११, सी.पी.एम. को ३६ और कांग्रेस (यू) को १३ स्थान मिले। दो जनता पार्टियाँ और आगे विभाजित होकर, चार दलों में बंट गईं और एक बार फिर लोकसभा में कांग्रेस के अतिरिक्त किसी दल को विपक्ष की मान्यता पाने के लिए जरूरी ५० स्थान प्राप्त नहीं थे अतः सातवीं लोकसभा में कोई मान्य विपक्ष नहीं बन सका। किन्तु, गुणात्मक दृष्टि से विपक्ष इतना दुर्बल नहीं था क्योंकि उसमें प्रोफेसर मधु दंडवते, समर मुखर्जी, इन्द्रजीत गुप्त, जॉर्ज फरनांडीस, सोमनाथ चटर्जी, अटलबिहारी वाजपेयी, ज्योतिर्मय बसु, जी.एम. बनतवाला जैसे दिग्गज संसदज्ञ मौजूद थे।

राष्ट्रपति के अभिभाषण पर धन्यवाद प्रस्ताव के दौरान बनतवाला का सदन को सुनाया गया एक शेर याद आता है जो विपक्ष की भावनाओं का अच्छा प्रतिनिधित्व करता था :

''ख़्वाब में भी न सोचा था हमने कभी
यह आलम भी चमन पर गुज़र जायेगा,

बागवाँ छीन लेंगे लिबासे बहार,
और फूलों का चेहरा उतर जायेगा।''

सातवीं लोकसभा के लगभग पूरे कार्यकाल में विशेषकर सत्तापक्ष और विपक्ष में पंजाब की स्थिति को लेकर झड़पें होती रहीं। मण्डल कमीशन की रिपोर्ट, जिसमें पिछड़ों के लिए २७ प्रतिशत स्थानों के आरक्षण की सिफारिश की गई थी, देर रात तक वाद-विवाद का विषय बनी रही।

पंजाब के १९८४-८५ के बजट पर सामान्य चर्चा के दौरान विपक्ष के प्रमुख सांसद रसीद मसूद ने कहा कि देश टूट रहा है, इसे बचाने के लिए हमें अपनी धरती से इश्क का सबूत देना होगा :

''यह इश्क नहीं आसान बस इतना समझ लीजे
आग का दरिया है और डूब कर जाना है''।

१३

आठवीं लोकसभा

१९८५-१९८९

इन्दिरा गाँधी की हत्या की पृष्ठभूमि में हुए आठवें आम चुनाव में कांग्रेस भारी बहुमत से जीती। लोकसभा में उसे ४०२ स्थान मिले अर्थात् तीन-चौथाई। नेहरू के स्वर्णिम काल में भी कांग्रेस को इतने स्थान कभी नहीं मिले थे। विपक्ष में सभी राष्ट्रीय दलों की करारी हार हुई। एक बार फिर लोकसभा में कोई मान्यताप्राप्त विपक्ष नहीं बन सका। सबसे अधिक स्थान मिले थे एक क्षेत्रीय दल तेलगुदेशम् को और वह भी केवल ३० थे। भारतीय जनता पार्टी (भाजपा) को केवल दो स्थान मिले और एक समय कांग्रेस को उखाड़नेवाली जनता पार्टी को केवल १४ स्थानों से सन्तोष करना पड़ा। कम्युनिस्ट दलों को २२ और छः स्थान मिले। किन्तु, लोकसभा में आये विपक्ष के सदस्यों में योग्यता और अनुभव की कमी नहीं थी। माधव रेड्डी, मधु दंडवते, शरद पवार, गीता मुखर्जी, सुलेमान सेठ, सोमनाथ चटर्जी, दिनेश गोस्वामी, के.पी. उन्नीकृष्णन, दत्ता सामन्त, अमरराय प्रधान, जयपाल रेड्डी, चौ. चरण सिंह आदि मौजूद थे।

गिनती में दुर्बल होते हुए भी विपक्ष ने जो भूमिका निभाई वह दो सरकारी विधेयकों के उदाहरण से स्पष्ट हो जायेगी। पोस्टल बिल (डाक विधेयक) का संसद के दोनों सदनों में जमकर विरोध हुआ। लोकसभा में विशेषकर काफी शोरगुल भी

हुआ किन्तु सरकार ने अपने भारी बहुमत के सहारे इसे पारित करा लिया। जनमत इसके विरुद्ध हो चुका था और विभिन्न मंचों पर इसका विरोध हुआ। अन्त में स्वाधीन भारत के इतिहास में पहली बार ऐसा हुआ जब सरकार की सलाह के बावजूद राष्ट्रपति ने डाक विधेयक को अपनी अनुमति नहीं दी और वह कानून न बन सका।

समाचारपत्रों की स्वाधीनता पर आघात करनेवाले डिफेमेशन बिल का भी कुछ ऐसा ही हाल हुआ। भारी विरोध के विपरीत लोकसभा में उसे पास करा लिया गया लेकिन राज्यसभा में पहुँचते-पहुँचते सरकार को व्यापक आलोचना और विरोध के सामने झुकना पड़ा और यह विधेयक भी अधिनियम न बन सका।

आठवीं लोकसभा में जिन विषयों का बोलबाला रहा और जिनमें विपक्ष ने वाद-विवाद में महत्त्वपूर्ण योगदान दिया वह थे पंजाब में आतंकवाद और अव्यवस्था, इन्दिरा गाँधी की हत्या पर ठक्कर समिति की रपट और हत्या के बाद हुई हिंसा पर रंगनाथ मिश्र समिति की रपट, राष्ट्रपति जेलसिंह और प्रधानमंत्री के संबंधों को लेकर जिक्र, पनडुब्बी घोटाला, श्रीलंका की स्थिति और भारतीय शान्तिसेना की भूमिका, गोरखालैण्ड आन्दोलन, शाहबानो का मामला आदि। भारी विरोध के बावजूद मुस्लिम (तलाक के अधिकार की सुरक्षा) विधेयक पास करा लिया गया यद्यपि प्रातः पौने तीन बजे तक लम्बी बहस चली।

आठवीं लोकसभा की एक खास बात रही सत्तापक्ष और विपक्ष दोनों ओर से शेरो-शायरी का जोर। पंजाब के हालात में जब सुधार होता दिखाई न दिया तो विपक्ष में भाजपा के प्रमुख सांसद सूरजभान को लगा कि रात तो और भी काली होती जा रही है। उनके मुंह से एक शेर निकला :

"निगाहें मुंतजिर थीं, कब किरन फूटे, सहर होगी
मगर यह रात तो और काली होती जाती है!"।

किन्तु बालकवि बैरागी इतने निराश नहीं थे। पंजाब के विभिन्न समूहों के संबंधों का जिक्र करते हुए उन्होंने कहा कि पंजाब में आपस के रिश्ते इतने पुराने, प्यार से लबालब भरे हुए और इतने गहरे हैं कि वे बिखर नहीं सकते। उन्होंने सदन को शेख भोपाली की पंक्तियाँ सुनाईं :

"कौन आता है यहाँ, कोई नहीं आया होगा,
मेरा दरवाज़ा हवा ने हिलाया होगा
गुल से लिपटी हुई तितलियों को गिराओ तो जानें
आँधियो, तुमने दरख्तों को गिराया होगा।"

इसी माहौल में याद आता है सरकार में अविश्वास का प्रस्ताव। विपक्ष ने बड़े तीखे प्रहार किये। तत्कालीन गृहमंत्री ज्ञानीजी का दिल चोट खाकर कह पड़ा :

"तुम तीर मारो सीने पर बेशक,
मगर इतना ख़्याल रखना
कि सीने में दिल है और
दिल में तुम्हारा मकाम है।"

ज्ञानीजी के विपरीत जब श्रीमती इन्दिरा गांधी अविश्वास प्रस्ताव का उत्तर देने खड़ी हुईं तो बहुत संजीदा नज़र आईं। उन्होने विपक्ष की बड़ी तीखी आलोचना की। इस पर सांसद मधु दंडवते ने कहा :

"मैडम प्रधानमंत्री, कुछ दिन पूर्व जब हमने आपको टी.वी. पर अमेरिका की यात्रा के दौरान देखा तब तो आप बड़ी आकर्षक और मृदुभाषी लग रही थीं, स्वदेश लौटने पर इतनी कटु क्यों हो गईं?"

प्रधानमंत्री सहित सारा सदन ठहाका मारकर हँस पड़ा।

आठवीं लोकसभा के कार्यकाल में विपक्ष और सत्तापक्ष के बीच बहुत-सी तीखी झड़पें, गर्मागर्म वाद-विवाद और सदन से बहिर्गमन (वाक आउट) की घटनाएँ हुईं किन्तु जिस मामले को उठाने में और एक प्रकार से लगातार चरम सीमा पर रखने में विपक्ष ने सबसे महत्त्वपूर्ण और प्रभावी भूमिका निभाई वह था बोफोर्स दलाली का मामला। कुल मिलाकर इस मामले में ६४ घंटे और १६ मिनट की बहस हुई। हर करोड़ के लिए लगभग एक घंटा।

जब बजट सत्र के दौरान राष्ट्रपति के अभिभाषण पर धन्यवाद प्रस्ताव की चर्चा में प्रधानमंत्री की एक टिप्पणी के विरोध में विपक्ष ने सदन से वाक आउट किया तो कवि सदस्य बालकवि बैरागी ने उनके रूठने को कुछ इस तरह लिया :

> "साकी से रूठकर ये मयख़ाना छोड़ते हैं
> लगती है जब तलब तो पैमाना तोड़ते हैं
> तोबा भी कर रहे हैं फिर तोड़ भी रहे हैं
> ये लड़खड़ाने वाले ऐसे ही दौड़ते हैं"।

१० मार्च, १९८९ को संसद में जनता पार्टी और लोकदल ने एक-दूसरे में अपने को विलय करके जनता दल बनाया।

१५ मार्च, १९८९ को अनुशासनहीनता और पीठासीन अधिकारी की अवज्ञा के लिए विपक्ष के ६३ सदस्यों का एक साथ निलंबित किया जाना भी एक अभूतपूर्व घटना थी, यह दूसरी बात है कि निलम्बन की प्रक्रिया आदि सबकुछ विपक्ष और सत्तापक्ष के बीच पहले ही तय हो गया था।

२० जुलाई, १९८९ को नियंत्रक महालेखा परीक्षक की रपट को लेकर विपक्ष को बोफोर्स के मामले में सत्तारूढ़ दल पर तीखा प्रहार करने का अवसर मिला। विपक्षी दलों ने अपनी संख्या की दुर्बलता के सन्दर्भ में संसद के दोनों सदनों में भारी

हंगामा करने का सहारा लिया। एक दिन में आठ बार सदन को स्थगित करना पड़ा और तीन दिन तक सदन की कार्यवाही नहीं चलने दी गई। प्रमुख विपक्षी नेताओं ने स्वयं भी इस हुल्लड़ में भाग लिया। इसके बाद विपक्ष के सामूहिक त्यागपत्र पर फैसला हुआ। क्योंकि ३-४ माह बाद आम चुनाव होने ही वाले थे अतः त्यागपत्र देने में कोई विशेष त्याग की बात नहीं थी। किन्तु एक नया दृष्टान्त अवश्य स्थापित हुआ जब इतिहास में पहली बार २४ जुलाई, १९८९ को, एक ही (चौदहवें) सत्र में १०७ विपक्षी सदस्यों ने लोकसभा से त्यागपत्र दिये। ७३ त्यागपत्र तो एक ही दिन में दिये गये।

आठवीं लोकसभा के कार्यकाल में सदन से त्यागपत्र देने वालों की कुल संख्या १२४ तक पहुँच गई यह भी अपने में किसी भी लोकसभा के लिए एक रिकार्ड था।

जब २४ जुलाई को सामूहिक रूप से त्यागपत्र देकर विपक्ष के अनेक सदस्यों ने सदन त्याग दिया तो एक कविहृदय सदस्य नरेशचन्द्र चतुर्वेदी ने अपनी वेदना को कुछ इस रूप में व्यक्त किया :

"जो तुम ही न होगे तो क्या रंगे महफ़िल
किसे देखकर आप शरमाइयेगा।"

बालकवि बैरागी ने अपनी शिकायत कुछ यों रखी :

रूठकर महफ़िल से जालिम इस तरह जाते नहीं,
जो इस तरह जाते हैं, वापिस लौटकर आते नहीं।

इसके बाद जितने दिन भी सदन चला, विपक्ष का भाग सूना ही पड़ा रहा। यह दूसरी बात है कि जो रूठकर गये थे, नवीं लोकसभा में न केवल वापस आये अपितु सरकारी पंक्तियों में बैठे।

१४

नवीं लोकसभा

१९८९-१९९१

नवीं लोकसभा के लिए हुए चुनावों में कांग्रेस की भारी हार हुई। १९७ स्थान पाकर वह अभी भी सबसे बड़ा दल बनी रही। जनता दल को १४४, वामपंथी दलों को ५८ और भाजपा को ८८ स्थान मिले। गैर-कांग्रेसी विपक्ष ने–विशेषकर जनता दल ने–बोफोर्स को मुख्य चुनावी मुद्दा बनाया था। सबसे बड़ा दल होते हुए भी कांग्रेस ने सरकार बनाने में पहल करने का कोई प्रयास नहीं किया।

यह दूसरा अवसर था जब केन्द्र के स्तर पर जनता ने कांग्रेस के विरुद्ध मतदान किया। जीतकर आनेवाले दलों में इस बार २४ दल थे जो लोकसभा के लिए एक नया रिकार्ड था। जनता दल के नेतृत्व में तेलुगुदेशम् पार्टी, असम गण परिषद, द्रविड़ मुन्नेत्र कड़गम और कांग्रेस (एस) के साथ मिलकर एक राष्ट्रीय मोर्चे की अल्पमत सरकार बनी जिसे वामपंथी मोर्चे और भाजपा ने बाहर से समर्थन देने का वायदा किया। कांग्रेस (आई) को सरकारी विपक्ष और राजीव गाँधी को नेता विपक्ष के रूप में मान्यता मिली। राजीव गाँधी विपक्ष के नेता के रूप में बैठनेवाले पहले पूर्व प्रधानमंत्री थे। उन्होंने कहा वह सरकार के प्रहरी की भूमिका निभाने का प्रयास करेंगे।

भाजपा द्वारा समर्थन वापस लिये जाने से विश्वनाथप्रताप सिंह की संयुक्त मोर्चा सरकार लोकसभा में अविश्वास प्रस्ताव पर हार गई और उसे त्यागपत्र देना पड़ा। यह पहला अवसर था जब लोकसभा में किसी सरकार के विरुद्ध अविश्वास प्रस्ताव पास हुआ हो और विपक्ष को सरकार को सत्ताच्युत करने का अवसर मिला हो। स्पष्ट था कि वी.पी. सिंह नेतृत्व देने में असफल रहे। कांग्रेस के समर्थन के आश्वासन से चन्द्रशेखर नये प्रधानमंत्री बनाये गये किन्तु कांग्रेस द्वारा समर्थन वापस लिये जाने पर उन्हें भी त्यागपत्र देना पड़ा और फिर ताजा चुनाव कराने पड़े।

नवीं लोकसभा में विपक्ष ने जिन मुद्दों पर विशेष ध्यान खींचा, वे थे जम्मू और कश्मीर, पंजाब और असम की स्थिति तथा राष्ट्र-विरोधी, विघटनकारी तत्त्वों और सीमा पार से उन्हें मिलनेवाली सहायता। एक प्रमुख घटना रही भाजपा नेता लालकृष्ण आडवाणी द्वारा रखा गया चुनावों में सुधार का संकल्प जिसमें धनशक्ति और बाहुबल के दुरुपयोग पर पाबन्दी लगाने की बात कही गई थी। संकल्प सर्वसम्मति से पारित हो गया। यह दूसरी बात है कि कोई भी दल ऐसा न था जो चुनावों में इनके दुरुपयोगों का दोषी न रहा हो, इस संकल्प के पारित होने से पहले या उसके बाद।

नवीं लोकसभा में विपक्ष ने कई बार विषम स्थितियाँ पैदा कीं, शोर गुल, वाक आउट, नारेबाजी सबकुछ हुआ लेकिन मुख्य बात यह रही कि सत्तापक्ष ने इस सबमें और भी आगे बढ़कर भाग लिया। नियमों, परम्पराओं और संस्थाओं को बिदा दे दी गई। अध्यक्ष महोदय ने २-२, ३-३ घंटे तक शून्यकाल को चलाया। जब १३ मार्च, १९९१ को नवीं लोकसभा विघटित हुई तो प्रमुख संसदज्ञ और समाजवादी नेता मधु लिमये ने इसके आचरण की कड़ी आलोचना की और नवीं लोकसभा की

अन्तिम बैठक के दिन को 'राष्ट्रीय लज्जा' का दिन बताया क्योंकि इस दिन संसद सदस्यों ने अपने लिए बढ़ी हुई पेन्शन, भत्ते और नई सुविधाएँ मंजूर करने का विधेयक सर्वसम्मति से पास कर डाला था। देश की गिरती हुई आर्थिक स्थिति की कोई चिन्ता किये बगैर, दो घण्टे के अन्दर अरबों रुपये की अनुदान माँगें और बजट, १८ विधेयक और एक राज्य में राष्ट्रपति शासन की उद्घोषणा सबका अनुमोदन कर दिया गया। सबसे लज्जाजनक था संसद सदस्यों को केवल एक साल सदस्य रहने के बाद पेन्शन का प्रावधान। यह दूसरी बात है कि इस विधेयक को राष्ट्रपति की मंजूरी नहीं मिली और यह कानून न बन सका पर इसमें संसद में विपक्ष की कोई भूमिका नहीं थी। यह लड़ाई संसद से बाहर जनता की ओर से समाचार माध्यमों और राष्ट्रपति भवन में लड़ी गई जिसकी एक अलग दिलचस्प कहानी है।

१५

दसवीं लोकसभा

१९९१-१९९६

लोकसभा के दसवें आम चुनाव अब तक के सभी चुनावों से अधिक हिंसा प्रधान रहे। पहली बार ऐसा हुआ कि एक प्रमुखतम विपक्षी नेता, कांग्रेस अध्यक्ष और पूर्व प्रधानमंत्री राजीव गाँधी की निर्वाचनकाल के बीच ही हत्या कर दी गई। संसद में विपक्ष की भूमिका के सिलसिले में इस हिंसा का विशेष महत्त्व था क्योंकि यदि कांग्रेस की विजय होती तो राजीव गाँधी के ही प्रधानमंत्री बनने की पूरी आशा थी और यदि ऐसा न होता तो अवश्य ही वह नेता विपक्ष होते। निर्वाचन के परिणाम आये तो पता चला कि किसी भी दल को पूर्ण बहुमत नहीं मिला था किन्तु कांग्रेस सबसे बड़े संसदीय दल के रूप में उभरी थी। उसे २२४ स्थान मिले। अपने सहयोगी दलों के साथ कांग्रेस के धड़े के २३९ सदस्य हो गये थे जबकि सदन में प्रभावी संख्या कुल ४९९ थी। स्पष्ट बहुमत के लिए कांग्रेस को ११ सदस्यों का समर्थन और चाहिए था। भाजपा को १२० स्थान मिले जो एक विलक्षण प्रगति और उन्नति की स्थिति थी। जनता पार्टी को ५५, साम्यवादी दलों को ३५, और १३ क्षेत्रीय दलों में तेलुगुदेशम् को १२, ए.आई.डी.एम.के. को ११ और जे.एम.एम. को छः स्थान मिले। कांग्रेस ने नरसिम्हा राव के नेतृत्व में अपनी सरकार बनाई। गैर-भाजपावाद का बोलबाला शुरू हुआ। भाजपा मान्यताप्राप्त विपक्ष बना और लालकृष्ण आडवाणी नेता प्रतिपक्ष

बने। बाद में यह दायित्व अटलबिहारी वाजपेयी ने सँभाला। नरसिम्हा राव के मंत्रिमण्डल के विरुद्ध बार-बार अविश्वास प्रस्ताव आये किन्तु हर बार नरसिम्हा राव मंत्रिमंडल अधिक सक्षम होकर सामने आया और विपक्ष कमजोर होता चला गया। जनता दल कई बार टुकड़ों में विभाजित हुआ और हर बार दलबदलुओं ने कांग्रेस में आकर नरसिम्हा राव को बहुमत प्रदान कर दिया और उनके प्रधानमंत्रित्व का स्थायित्व पूरे पाँच साल के कार्यकाल के लिए पक्का कर दिया।

दसवीं लोकसभा में विपक्ष के प्रमुख संसदज्ञों में अटल बिहारी वाजपेयी, चन्द्रशेखर, लालकृष्ण आडवाणी, इन्द्रजीत गुप्त, जसवन्त सिंह, वी.पी. सिंह, सोमनाथ चटर्जी आदि थे।

यह स्पष्ट था कि विभाजित विपक्ष कांग्रेस को अपदस्थ नहीं कर सकता था अत: गैर-कांग्रेसवाद के नाम पर एकजुट होने के कई प्रयास किये गये किन्तु गैरभाजपावाद गैर-कांग्रेसवाद से अधिक शक्तिशाली सिद्ध हुआ।

संसदीय लोकतंत्र के इतिहास में दसवीं लोकसभा सबसे अधिक जानी जायेगी अनेक आर्थिक घोटालों के लिए, राजनीति के अभूतपूर्व अपराधीकरण के लिए तथा जातिवाद और साम्प्रदायिकता के कुत्सित प्रभाव के लिये। विपक्ष संसद में शोर-गुल मचाकर चुप हो गया और राव सरकार को सत्ताच्युत करने में असफल रहा। कारण, उसकी अपनी कमी, कमजोरी, दुर्भाग्य अथवा राव के साथ किन्हीं निहित स्वार्थों की पूर्ति के लिए मिलीभगत। विपक्ष के विधायकों की स्थिति कई बार ऐसी हो जाती है कि कुछ धन और पद के लोभ में या कुछ मामूली सुविधाओं के खोने के डर से अथवा सदन के विघटन की धमकी से इतना घबरा जाते हैं कि यदि प्रधानमंत्री हमसे पर्दे के पीछे झुकने को कहें तो हम रेंगने के लिए तैयार हो जाते हैं। दसवीं लोकसभा के कार्यकाल में बहुत कुछ ऐसा ही हुआ

अन्यथा कोई कारण नहीं था कि नरसिम्हा राव सरकार अल्पमत से बहुमत में आ जाती और पाँच साल तक चलती रह जाती।

हर्षद मेहता कांड, प्रतिभूति घोटाला, सूटकेस प्रकरण, गोल्डस्टार, रिश्वत में करोड़ों ले-देकर दलबदल के मामले, डुंकेल प्रारूप जैसे कितने मौके विपक्ष ने गंवा दिये।

सच यह लगता है कि सत्तापक्ष और विपक्ष दोनों ने आपस में साँठगाँठ कर देश को भ्रम में रखा और संसद के नाम एक कृत्रिम नाटक मात्र किया। व्यापक भ्रष्टाचार और देशहित को गिरवी रखने के लिए सरकार की आर्थिक नीतियों की आलोचना करने, उसके कारनामों का पर्दाफाश कर उसे उखाड़ने में जुटने के बजाय, विपक्ष के नेता एक-दूसरे की ही आलोचना करते रहे। किसी के लिए भाजपा अछूत थी तो किसी के लिए साम्यवादी दल। इस सबके बीच सदन में विपक्ष की स्वस्थ और सशक्त क्रियाशीलता की बलि चढ़ गई। यद्यपि जनता का समर्थन और सहानुभूति पूरी दसवीं लोकसभा के कार्यकाल में विपक्ष के साथ रही, संसद में विपक्ष सरकार को एक बार भी निर्णायक चुनौती नहीं दे पाया या हर बार कुछ ज्वार खड़े करके, एक सीमा तक जाकर फिर किन्हीं समझौतों-प्रलोभनों के आगे झुक गया। "बादल बार-बार गरजे, बरसे नहीं।" कारण जो भी रहे हों, दसवीं लोकसभा के कार्यकाल में संसद में विपक्ष की भूमिका ने अपनी छवि खोई। सरकारी विपक्ष की तुलना में सदन से बाहर जनता और बुद्धिजीवी अधिक मुखर और प्रभावी रहे जिसका परिणाम हुआ ११वें आमचुनावों का नतीजा और उसके बाद पूर्व प्रधानमंत्री राव तथा अन्य मंत्रियों की स्थिति।

१६

ग्यारहवीं लोकसभा

१९९६-१९९७

वर्तमान ग्यारहवीं लोकसभा में भाजपा के नेता को सरकार बनाने का न्यौता मिला। अटलबिहारी वाजपेयी को प्रधानमंत्री नियुक्त कर दिया गया। यह कैसे हुआ, एक अलग कहानी है। यह भाजपा के लिये स्वर्णिम अवसर था। किन्तु १३ दिन के भीतर ही उन्होंने हथियार डाल दिये और उनके संवैधानिक अधिकार के लिए जो लड़े थे उन्हें भी शर्मिंदा किया। न जाने क्यों भाजपा दायित्व को सँभाल नहीं पायी। यह सदस्यों की गिनती पूरी न कर सकने की बात नहीं थी, सदस्यों को खरीदने में अरुचि अथवा असमर्थता की बात भी नहीं थी। इस ऐतिहासिक असफलता का कारण भाजपा नेतृत्व में राजनीतिक प्रशासन कला और संवैधानिक सूझबूझ की कमी थी वरना कोई कारण नहीं था कि भाजपा सरकार न चला पाती।

इस प्रकार, स्वाधीन भारत के अब तक के इतिहास में यदि संसद में विपक्ष की भूमिका का लेखा-जोखा तैयार करें तो देखेंगे कि ११ लोकसभाओं में से सात में कांग्रेस को स्पष्ट बहुमत प्राप्त था, एक लोकसभा यानी दसवीं में कुछ समय बाद काम चलाऊ पूर्ण बहुमत दलबदलुओं के सहारे मिल गया। इस प्रकार केवल तीन लोक सभाओं में गैर-कांग्रेसी दलों को सरकार बनाने के अवसर मिले और वे कांग्रेस की नीतियों और कार्यक्रमों को चुनौती देने की स्थिति में आये। एक और तरह से विश्लेषण करें तो स्वाधीनता के बाद संसद में विपक्ष की भूमिका को छः अध्यायों में बाँधा जा सकता है। पहला, १९४७

या १९५० से १९६९ तक। इन पहले दो दशकों में विपक्ष दुर्बल किन्तु गुणात्मक रूप से तथा सदस्यों की उच्च नैतिकता और योग्यता की दृष्टि से प्रभावी रहा। उसका योगदान महत्त्वपूर्ण रहा। दूसरा, १९६९-७० में कांग्रेस में विभाजन के बाद जब कांग्रेस दो धड़ों में बँट गई तो कांग्रेस का ही एक पक्ष सत्ता में था और दूसरा विपक्ष में। वस्तुतः पहला औपचारिक मान्यताप्राप्त विपक्ष सत्तापक्ष से ही निकला। वह प्रभावी नहीं रहा और यह स्थिति अधिक नहीं चली। अल्पमत में रह जाने के बावजूद कुछ विपक्षी दलों की सहायता से इन्दिरा गाँधी सरकार सुरक्षित रही। तीसरा, १९७१-७७ का काल इन्दिरा गाँधी के व्यक्तिगत प्रभुत्व का अध्याय माना जा सकता है। इन्दिरा, नेहरू की तरह, विपक्ष पर मेहरबान नहीं थीं। स्वयं विपक्ष का स्वरूप भी बदल चुका था। न गिनती में और न ही गुणात्मक रूप से वह सशक्त भूमिका निभाने की स्थिति में था। आपातकाल के निरंकुश शासन ने उसकी सार्थकता और मिटा दी।

चौथा अध्याय १९७७-७९ के बीच द्विदलीय व्यवस्था के जन्मने और उसके पनपने की सम्भावनाओं के लिए स्मरणीय रहेगा। किन्तु, जनता पार्टी ने यह सुनहरा मौका बुरी तरह गँवा दिया और गैर-कांग्रेसवाद का प्रयोग बहुत अल्पकालीन रहा और आशाएँ शीघ्र समाप्त हो गईं। पाँचवाँ काल १९८०-१९८९ के बीच एक बार फिर कांग्रेस के एकछत्र आधिपत्य और इन्दिरा गाँधी और राजीव गाँधी के राज का माना जायेगा। इसमें भी विपक्ष विशेष प्रभावी नहीं रहा। छठा अध्याय १९८९ में त्रिशंकु संसद और बहुदलीय व्यवस्था के साथ प्रारम्भ होता है। गैर-कांग्रेसवाद का स्थान गैर-भाजपावाद लेता है किन्तु गैर-कांग्रेसवाद भी मरता नहीं। और, आज यह कहना कठिन है कि कौन कब सत्ता में है और कौन कब विपक्ष में अथवा किसकी भूमिका संसद में विपक्ष की है और किसकी सरकार के समर्थक की। सम्भवतः समर्थन और विरोध समय-समय पर बदलती हुई राजनीतिक दलों की और उनके नेताओं के निहित स्वार्थों की मजबूरी पर निर्भर हैं। नक्शा रोज बदलता है।

१७

राजनीतिक दल

पक्ष और विपक्ष

'विपक्ष की भूमिका' विषय पर तीन बिन्दु सामने आते हैं– विपक्ष की भूमिका क्या है, क्या होनी चाहिए और क्या हो सकती है?

हमारे देश के राजनीतिक इतिहास का, और विशेषकर स्वाधीनता के बाद जो राजनीतिक इतिहास रहा है, यह एक यथार्थ है कि लगभग अधिकांश समय, पिछले ५० वर्षों में इस देश में कांग्रेस ही सत्ता में रही। उसका सत्ता पर आधिपत्य रहा, जिसका परिणाम यह हुआ कि कांग्रेस दल और कांग्रेस दल के नेता अभी तक अपने को सत्तापक्ष समझने से बच नहीं पा रहे हैं। कोई भी कांग्रेस-जन हो, कांग्रेस का हर नेता यही मानकर विपक्ष को रचनात्मक होने के लिए, सकारात्मक होने के लिए, उपदेश देता है। वह ऐसा सोचकर चलता है कि मेरा दल सत्तापक्ष में है और विपक्ष एक अनुत्तरदायी, गैर-जिम्मेदार लोगों का समूह है और विपक्ष के नकारात्मक होने की भर्त्सना की जाती है, वगैरह-वगैरह। वे यह भी भूल जाते हैं कि कांग्रेस भी विपक्ष में हो सकती है और बहुत-से राज्यों में विपक्ष में है। वे इसे भी भूल जाते हैं कि जहाँ-जहाँ कांग्रेस दल विपक्ष में है, वहाँ उसकी भूमिका कोई बहुत अच्छी नहीं रही है, कोई सौम्य नहीं रही है, दूसरे विपक्षी दलों से कम लज्जाजनक नहीं रही है।

विपक्ष के बारे में एक दूसरी बात भी कही जाती है और जब वे 'विपक्ष' कहते हैं तो उनका मतलब होता है गैर-कांग्रेसी दल यानी विपक्ष का मतलब वे गैर-कांग्रेसी दल समझकर बात करते हैं और कहते हैं कि विपक्ष का दृष्टिकोण नकारात्मक नहीं होना चाहिए। वे 'प्रतिपक्ष' कहने में भी कतराते हैं। अगर प्रतिपक्ष कहते हैं, तो समझ सकते हैं कि वे किसी दूसरे पक्ष की बात कर रहे हैं, लेकिन वे विपक्ष कहने पर जोर देते हैं। जब उसे विपक्ष कहते हैं तो विपक्ष शब्द तो स्वयं अपने आपमें नकारात्मक ही है।

लोकतंत्र का सबसे बड़ा समर्थक विंस्टन चर्चिल को गिना जाता है। उन्होंने बड़े सख्त शब्दों में एक बार कहा था कि विपक्ष का एक ही काम है कि जहाँ तक हो सके, सत्ताधारी दल को सत्ता से हटाना। भारत के उद्दात्त दर्शन की बातें भी की जाती हैं। भारत के दर्शन के संदर्भ में अगर देखें तो जिस समय हमारे पूर्वज, ऋषि, मुनि, मनीषी सत्य की खोज में निकले, परम-तत्त्व की व्याख्या करने निकले तो सारी श्रुतियों और स्मृतियों के बाद, सारे उपनिषदों के बाद, जब उन्होंने व्याख्या को शब्दों में बाँधने का प्रयास किया तो उनकी वाणी से ये शब्द निकले "नेति नेति" अर्थात् न इति न इति या यही अन्त नहीं है, यही अन्त नहीं है।" जिसका अर्थ है-यह नहीं है, यह नहीं है। सांख्य में भी जब उन्होंने एक तत्त्व को, आत्म-तत्त्व को परिभाषित करने का प्रयास किया, वह परिभाषा भी नकारात्मक थी, अद्वैत था-वह द्वैत नहीं है। उन्होंने एक नहीं कहा, 'अद्वैत' कहा।

इस परिप्रेक्ष्य में नकार के लिए विपक्ष को क्षमायाची होने की, चाहे वह कांग्रेसी विपक्ष हो या गैर-कांग्रेसी, आवश्यकता नहीं है।

सभी कांग्रेसजन कहते हैं कि विपक्ष को सिद्धांतों और नीतियों के आधार पर संसद में अपने तर्क प्रस्तुत करने चाहिए

और इसी आधार पर अपने विचारों को बदलने का प्रयास करना चाहिए–मानो जो दल सत्ता में हैं, वे बड़े सिद्धांतों और नीतियों पर आधारित बातें कहते हों या सिद्धांतों और नीतियों के आधार पर काम कर रहे हों। यह नहीं देखा जाता कि जब कांग्रेस सत्ता में रही, उस समय उसने कितनी सिद्धांतों और नीतियों की परवाह की तथा आज जो दल सत्ता में हैं, वे कितनी परवाह करते हैं। आप सबको मालूम है कि उनके सिद्धांतों और नीतियों के अगर कुछ मायने हैं तो वे सब एक-दूसरे के विपरीत हैं।

देश के एक राज्य में, जहाँ पिछले दिनों केन्द्र का शासन चल रहा था, उसके बारे में स्वयं गृहमंत्रीजी कहते थे कि वह विनाश और अराजकता की ओर जा रहा है। वहाँ केन्द्र का शासन था और उसके बारे में केन्द्र के गृहमंत्री ऐसा कहते थे कि वह राज्य अराजकता और विनाश की ओर जा रहा है। ऐसी स्थिति में, बड़ी हैरत होती है, कि नेता-गण विपक्ष को उपदेश देते हैं कि उन्हें सिद्धांतों और नीतियों के आधार पर काम करना चाहिए। दूसरों को उपदेश देने के लिए हम सब बड़े कुशल हो जाते हैं

एक बात और कही जाती है कि व्यक्तियों पर ध्यान नहीं देना चाहिए। कोई व्यक्ति अगर गड़बड़ करता है, तो ठीक है, वह भी एक मुद्दा है, लेकिन उसे गौण मुद्दा समझना चाहिए। लगता है कि हम कहना यह चाहते हैं कि विपक्षी दल, यानी जो गैर-कांग्रेसी दल हैं, वे तो नीतियों और सिद्धांतों की बातें करते रहें, लेकिन हम स्वयं हजारों-लाखों-करोड़ों के घोटाले करते रहें और विदेशी बैंकों में रुपया जमा करते रहें, देश की स्वाधीनता गिरवी रखते रहें, आनेवाली पीढ़ियों का भविष्य गिरवी रखते रहें, लेकिन इस बारे में कोई बात न करे क्योंकि इसमें व्यक्तियों का मामला आ जाता है।

एक बात यह भी कही जाती है कि संसद में पहले 'विधायन' पर बहुत जोर दिया जाता था, पहले संसद का लगभग ४८ प्रतिशत समय विधायन पर लगता था जो अब घटते-घटते १८-१९ प्रतिशत तक आ गया है। शायद हम भूल जाते हैं कि किसी भी संसद में, आज विधायन प्रमुख कार्य नहीं रहा है। सिर्फ हमारे देश की ही बात नहीं है, दूसरे देशों में भी विधायन का कार्य, संसद का प्रमुख कार्य या सबसे बड़ा या सबसे अधिक समय लेने वाला कार्य नहीं रह गया है। इसमें किसी तरह के अचम्भे की या कोई ऐसी आलोचना करने की बात नहीं है।

आज की संसद एक बहुआयामी संस्था है। हमारे देश में ही नहीं, दूसरे देशों में भी यही स्थिति है। उसके बहुत-से कृत्य हैं और विधायन उनमें से केवल एक है। लेकिन उसकी सबसे महत्त्वपूर्ण भूमिका है जनता का प्रतिनिधित्व करना और देश को सरकार देना। जो लोग चुनकर आते हैं, संसद-सदस्य बनकर आते हैं, उनके लिए संसद सत्ता में आने के लिए एक अखाड़ा बन जाती है। उनके सामने सबसे प्रमुख काम होता है कि किस की सरकार बने, कैसे बने, क्या खरीद-फरोख्त हो, किसप्रकार कौन सत्ता में आए, भले ही उसके पास बहुमत है या नहीं है। आज यह संसद की एक बहुत बड़ी भूमिका है।

एक बात और सामने आती है जिसे 'स्टैबिलिटी' या स्थायित्व की आवश्यकता कहते हैं। तर्क दिया जाता है कि अगर स्थायित्व नहीं होगा, हमारी सरकार नहीं रहेगी तो हम काम क्या करेंगे? यह भी कहा जाता है कि जो सरकार देश में थोड़े समय तक रही, उसके समय में सबसे ज्यादा भ्रष्टाचार हुआ या देश का सोना देश से बाहर गया। लेकिन देश का सोना अगर देश से बाहर गया तो वह वापस भी आ गया। उसे गिरवी रखा गया था। लेकिन जिस सरकार के दिनों में सबसे ज्यादा घोटाले

हुए, वह तो पाँच साल तक टिकाऊ रही, पूरे पाँच साल चली– उसमें तो स्थायित्व का प्रश्न नहीं था। लेकिन क्या हम वैसा स्थायित्व चाहते हैं, क्या वैसा स्थायित्व हमारे लिए मान्य है? किस कीमत पर वह स्थिरता खरीदी गई? वह सबको मालूम है। देश की अस्मिता को गिरवी रखा गया। हमारी आनेवाली पीढ़ियों के भविष्य को गिरवी रखा गया। देश को कर्जे में इतना दबा दिया गया कि आनेवाले दशकों और शताब्दियों तक वे कर्जे नहीं उतार पाएँगे। उस समय जो स्थिरता आई, जिस तरह बहुमत प्राप्त किया गया, किस प्रकार सदस्यों को खरीदकर मिलाया गया, वह किसी से छिपा नहीं है। इसलिए ऐसा कहना ठीक नहीं होगा कि केवल स्थायित्व या ठीक-ठाक स्थायित्व, यही बहुत बड़ी समझदारी है और इसके लिए बहुराष्ट्रीय कम्पनियों को, वर्ल्ड बैंक, इंटरनेशनल मौनिटरी फंड, या दूसरे देशों को हम अपनी स्वाधीनता, सम्प्रभुता गिरवी रख दें भले ही इसका असर अगले २० सालों, २५ सालों या ३० सालों में ही नहीं, आने वाले सैकड़ों सालों तक आनेवाली पीढ़ियों के सर पर बना रहे।

राजनीतिक दलों का उल्लेख संविधान में दसवें अनुच्छेद में आया है। आज की सच्चाई यह है कि किसी भी देश में, हमारे देश में भी, लोकतंत्र बगैर राजनीतिक दलों के नहीं चल सकता। प्रत्येक देश में और विशेषकर हमारे देश में राजनीति के एक ही मायने हैं और वे यही एकमात्र अपना कर्तव्य समझते हैं– संसद और विधानपालिकाओं के लिए चुनाव लड़ना। चुनाव खत्म हो जाते हैं, तो दलों का काम भी खत्म हो जाता है।

हर दल यह कोशिश करता है कि उसके अधिक से अधिक सदस्य संसद में पहुँचें ताकि वह सरकार बना सके, सत्ता में आ सके वयोंकि जैसा मोहम्मद इक़बाल ने कहा था–

जम्हूरियत वह तरज़े हकूमत है जिसमें
बन्दों को गिना करते हैं तोल नहीं करते।

राजनीतिक दलों की सक्रिय भागीदारी से ही निर्वाचनों में सार्थकता आती है और उसी से राजनीतिक संघर्ष संसद के भीतर मुखर होता है तथा सत्तारूढ़ दल और विपक्ष का निर्माण होता है।

कुछ समय पूर्व 'इन्टर पार्लियामेन्टरी यूनियन' द्वारा किये गये एक अध्ययन के अनुसार विश्व में नौ देश ऐसे थे जिनकी संसदों में विपक्ष को मान्यता प्राप्त नहीं थी, १७ देश ऐसे थे जिनमें एक-दलीय व्यवस्था थी किन्तु अन्य सभी देशों में राजनीतिक दलों को तथा विपक्ष की संकल्पना को मान्यता दी गई थी।

संसद में मान्यता प्राप्त होने से दल के लिए अनेक अधिकारों और साधन-सुविधाओं का द्वार खुल जाता है जैसे प्रमुख संसदीय दल में सदस्यों की संख्या के आधार पर समितियों की सदस्यता, सदन में बोलने का समय, सदन की कार्यवाही तय करने में योगदान। औपचारिक मान्यता हो न हो, राजनीतिक दलों की–चाहे वे सत्ता में हों या विपक्ष में–संसदीय लोकतंत्र में विशिष्ट भूमिका होती है। अनेक देशों में–विशेषकर संसदीय व्यवस्था वाले देशों में–राजनीतिक दलों में प्रमुख विभाजन सत्तारूढ़ दल या दलों और विपक्ष में दल या दलों के बीच ही माना जाता है।

१८

विपक्ष का नेता

संकल्पना और समस्या

संसद में विपक्ष की भूमिका से सम्बन्धित एक प्रश्न नेता विपक्ष का है। यह प्रश्न पीछे कई बार उठा है और निकट भविष्य में भी उसकी सम्भावनाएँ नकारी नहीं जा सकतीं। उदाहरण के लिए, कांग्रेस की इस समय संसद में जो स्थिति है उसमें यह कहना कठिन है कि वह रचनात्माक विपक्ष में है अथवा रचनात्मक समर्थन में। सरकार को जिन्दा रखने के लिए समर्थन देना और अपने को जिन्दा रखने के लिए विरोध के तेवर अपनाना दोनों कांग्रेस की विवशताएँ हैं। मान लीजिए लोकसभा में कांग्रेस दल की सदस्य संख्या भाजपा के सदस्यों से अधिक हो जाती है तो क्या उसके नेता को विपक्ष का नेता माना जायेगा या भाजपा का नेता ही विपक्ष का नेता बना रहेगा?

विपक्ष के नेता के पद का उद्‌भव और विकास शासन कला के क्षेत्र में उन्नीसवीं शताब्दी की महानतम उपलब्धि माना जा सकता है। जबकि ब्रिटेन में वैधानिक रूप से पहली बार १९३७ में इस पद को मान्यता मिली कनाडा और आस्ट्रेलिया जैसे देशों में पहले से ही विधि द्वारा ऐसी व्यवस्था की जा चुकी थी। इन दोनों देशों में प्रत्येक सदन के लिए अलग नेता विपक्ष का प्रावधान है। आस्ट्रेलिया में विपक्ष के दो नेताओं के अतिरिक्त, यह भी आवश्यक समझा गया कि प्रत्येक सदन में

अन्य मुख्य दलों के नेताओं को भी मान्यता और वेतन प्रदान किया जाये।

ब्रिटिश हाउस ऑफ कॉमन्स में सदन की कार्यवाही के संचालन में नेता विपक्ष को विश्वास में लिया जाता है। वाद-विवाद के सिलसिले में नेता विपक्ष को विशेष वरीयता दी जाती है। प्रमुख प्रश्नों पर वह बहस की माँग कर सकते हैं और विदेश नीति, राष्ट्रीय सुरक्षा जैसे मूलभूत मुद्दों पर प्राय: उनकी राय ली जाती है। नेता विपक्ष को अधिकार प्राप्त है कि सरकार के किसी भी विभाग के बारे में पूरी सूचना मँगवा सके। सदन में प्रश्न पूछने और बहस के लिए विषयों का चयन करने के मामलों में भी नेता विपक्ष को विशेष अधिकार दिये गये हैं। सदन में उन्हें प्रधानमंत्री के ठीक सामने, अध्यक्ष के बाईं ओर प्रथम पंक्ति में सर्वप्रथम स्थान दिया जाता है। मंत्रिमंडल में अविश्वास के प्रस्ताव प्राय: नेता विपक्ष की ओर से ही रखे जाते हैं। वेतन और भत्तों के मामलों में उनका स्थान वही है जो मंत्रि परिषद के सदस्यों का। कार्यालय की, निवास की तथा सचिविक सुविधाएँ भी जो मंत्रियों को प्राप्त होती हैं वही नेता विपक्ष को भी दी जाती हैं। किन्तु उनका सबसे महत्त्वपूर्ण विशेषाधिकार और दायित्व तो किसी भी समय सरकार बनाने के लिए बुलाये जाने की सम्भावना से जुड़ा होता है। उन्हें एक अपनी 'छाया सरकार' सदैव तैयार रखनी होती है और आवश्यकता पड़ने पर तुरन्त उसे सचमुच की सरकार में बदल देना होता है। इसलिए ब्रिटेन में विपक्ष को 'प्रतीक्षा में सरकार' अथवा वैकल्पिक सरकार की संज्ञा दी जाती है। जैसे ही वर्तमान सरकार सदन अथवा बाहर चुनावों में हार जाये वैसे ही विपक्ष की प्रतीक्षा समाप्त हो जाती है और वह सरकार में आ जाता है और सरकार वाला दल विपक्ष बन जाता है। इसीलिए यह भी कहा जाता है कि आज का विपक्ष कल की सरकार हो सकता है।

ब्रिटिश शासन व्यवस्था में वस्तुत: विपक्ष की भी एक सरकारी मर्यादा और प्रतिष्ठा है। नेता विपक्ष की पदवी भी एक प्रकार से सरकारी पदवी है और वह शासन व्यवस्था का एक अंग है। यही कारण है कि नेता विपक्ष को सरकारी खजाने से मंत्रियों के समान ही वेतन, भत्ता आदि मिलता है। १९३७ के अधिनियम के अन्तर्गत नेता विपक्ष की जो परिभाषा दी गई है उसके अनुसार हाउस ऑफ कॉमन्स में विपक्ष में बैठनेवाले सबसे अधिक संख्या वाले दल के नेता को ही नेता विपक्ष माना जाता है। एक शर्त और है कि नेता विपक्ष को किसी ऐसे दल का नेता होना चाहिए जो वैकल्पिक सरकार बनाने की क्षमता रखता हो। यदि विपक्ष में एक से अधिक दल हों तो यह कोई आवश्यक नहीं है कि उनमें से जिस दल में सबसे अधिक सदस्य हों उसी के नेता को नेता विपक्ष स्वीकार लिया जाये क्योंकि यह भी देखना जरूरी है कि क्या वह वैकल्पिक सरकार बनाने की स्थिति में है। हाउस ऑफ कॉमन्स में प्रक्रिया नियमों के अनुसार नेता विपक्ष उस व्यक्ति को माना जाता है जो तत्कालीन सरकार के विरुद्ध आलोचना और आक्रमण का नेतृत्व करे। जैनिंग्स का कहना है कि नेता विपक्ष सरकार का प्रमुख विरोधी होता है जिसे सरकार की आलोचना करने के लिए सरकारी खजाने से पैसा दिया जाता है।

ब्रिटिश प्रधानमंत्री रहे मैकमिलन के अनुसार विपक्ष के नेता का पद सबसे अधिक कठिनाई और जिम्मेदारी का होता है। उसे यह स्मरण रखना होता है कि वह राष्ट्र का भावी प्रधानमंत्री है। अगर सरकार आम निर्वाचन के समय अथवा सदन के फर्श पर पराजित हो जाती है तो शासन का दायित्व उसका होगा। उसे सरकार की आलोचना करनी होती है। सरकार का विरोध करना होता है और अपने दल की नीतियाँ स्पष्ट करनी होती हैं किन्तु वह ऐसी कोई बात नहीं कह सकता जिसे सत्ता में आने पर वह स्वयं न कर सके। राष्ट्रहित के मामलों में उसे

उतनी ही सावधानी से आचरण करना होता है जितना प्रधानमंत्री को।

जिन देशों ने अपनी शासन व्यवस्था को ब्रिटिश ढंग पर ढाला है उनमें भी सदन में विभिन्न दलों में प्रमुख अन्तर सरकारी पक्ष और विपक्ष का ही रहता है। इस व्यवस्था में यह आवश्यक-सा हो जाता है कि प्रत्येक दल तथा प्रत्येक संसदीय विचारधारा अपने को एक ओर जोड़े—सरकार के पक्ष में अथवा विपक्ष के साथ। ऐसा सम्भव नहीं है कि कोई दल सत्ताधारी दल का समर्थक हो अर्थात् सरकार के साथ हो और साथ ही सरकारी विपक्ष होने का भी दावा करे। यह अत्यन्त तर्कहीन और असंगत होगा।

इस मामले में हमारे देश में, संघ के स्तर पर और राज्यों के स्तर पर भी, स्थिति कई बार बड़ी विकट और कुछ उलझी हुई हो जाती है। इसका मुख्य कारण तो यह है कि भारत में ब्रिटेन जैसी दल-प्रणाली अभी तक स्थापित नहीं हो सकी है और निकट भविष्य में भी कोई ऐसी आशा नहीं दिखती कि दो प्रमुख दल उभरकर सामने आयेंगे। हमारा राजनीतिक मानस लगता है, है ही कुछ ऐसा कि एक प्रमुख दल हो और शेष फुटकर अलग-अलग विचारधारा वाले बहुत-से दल। पहले सन् १९६७ तक एक प्रमुख दल—कांग्रेस—का राज चलता रहा और विपक्ष कमजोर और टुकड़ों में विभाजित रहा। दूसरे प्रकरण में विपक्ष ने गैर-कांग्रेसवाद के आधार पर एकजुट होकर कांग्रेस के आधिपत्य को सक्षम और सफल चुनौती दी और उसे अपदस्थ कर दो बार अपनी सरकार बनाई किन्तु यह प्रयोग अधिक नहीं चल सका और दोनों बार जल्द ही असफल हो गया और साथी-सहयोगियों के आपसी मतभेद तथा व्यक्तिगत और दलगत महत्त्वाकांक्षाओं के कारण बिखर गया। तीसरे प्रकरण में नक्शा बिलकुल बदल गया और कल तक का भीमकाय प्रमुख कांग्रेस

दल कई राज्यों में और केन्द्र के स्तर पर भी कट-छँटकर छोटा रह गया और उसका स्थान लिया भाजपा ने तथा गैर-भाजपावाद का प्रकरण प्रारम्भ हुआ पर क्योंकि गैर-कांग्रेसवाद भी पूरी तरह मरा नहीं, कांग्रेस और भाजपा–दो सबसे बड़े दल–आज सत्ता से बाहर हैं। होता यह है कि या तो बहुत-से छोटे-छोटे दल उभरकर सामने आते हैं जिनमें से कोई भी अकेला सरकार बनाने की स्थिति में नहीं होता अतः कई दलों की मिली-जुली सरकार बन जाती है और जो दल सरकार का साथ नहीं देते वह विपक्ष में चले जाते हैं। दूसरी स्थिति यह होती है कि एक बड़ा दल होता है जिसकी सरकार बनती है और शेष छोटे-छोटे दल होते हैं जिनमें से कुछ सरकार के समर्थक हो सकते हैं और कुछ सरकार के विरोधी। तीसरी स्थिति ऐसी भी हो सकती है जब एक अल्पसंख्यक दल सरकार बनाये जिसे कई दल बाहर से समर्थन दें। समर्थन देनेवाले दलों में एक या एक से अधिक दल ऐसा भी हो सकता है जिसके सदस्यों की संख्या सरकार बनानेवाले दल के सदस्यों की संख्या से कहीं अधिक हो। चौथी स्थिति वह है जब कई छोटे-छोटे दल मिलकर एक अल्पसंख्यक साझा सरकार बनायें, दो सबसे बड़े दल सरकार से बाहर रहें किन्तु उनमें से एक बाहर से सरकार को समर्थन दे और दूसरा विरोध करे।

पीठासीन अधिकारियों की एक समिति ने ५-६ अक्टूबर, १९६८ को सिफारिश की थी कि सबसे बड़े मान्यताप्राप्त दल (नियमित दल अथवा विभिन्न दलों और गुटों का समूह) के नेता को नेता विपक्ष के रूप में मान्यता दी जाये। समिति ने यह भी सिफारिश की थी कि नेता विपक्ष को मुख्यमंत्री द्वारा निमंत्रण देकर बुलवाया जाये और सदन में कोई नीति सम्बन्धी घोषणा करने से पहले उसकी अग्रिम प्रति नेता विपक्ष को दे दी जाये। समिति का विचार था कि नेता विपक्ष को समुचित वेतन, दफ्तर के लिए जगह, निवास के लिए स्थान तथा कुछ अन्य सचिविक सुविधाएं उपलब्ध कराई जानी चाहिए।

सर्वप्रथम १९६९ में डॉ रामसुभग सिंह (कांग्रेस-ओ) ने नेता विपक्ष के रूप में लोकसभा में मान्यता अवश्य पाई थी किन्तु उस समय सरकार ने कोई वैधिक मान्यता देना अथवा वेतन आदि देना स्वीकार नहीं किया था। जब १९७७ में जनता पार्टी की सरकार आई और मोरारजी देसाई प्रधानमंत्री बने तो कांग्रेस (आई) के यशवन्तराव चव्हाण, सी.एम.स्टीफेन और फिर चव्हाण को नेता विपक्ष के रूप में मान्यता दी गई।

जब जनता दल की सरकार आई और विश्वनाथप्रताप सिंह नवीं लोकसभा में प्रधानमंत्री बने तो विपक्ष में सबसे बड़े दल (कांग्रेस) का नेता होने के नाते राजीव गाँधी को दिसम्बर १९८९ में नेता विपक्ष के रूप में मान्यता दी गई किन्तु एक वर्ष बाद जब कांग्रेस के बाहर से समर्थन के आधार पर चन्द्रशेखर प्रधानमंत्री बने तो दिसम्बर, १९९० में प्रश्न उठा कि क्या राजीव गाँधी नेता विपक्ष बने रह सकते हैं अथवा सरकार के विरोध में ज़ो सबसे बड़ा दल था यानी भाजपा, उसके नेता को नेता विपक्ष के रूप में मान्यता दी जानी चाहिए। अन्ततः लालकृष्ण आडवानी नेता विपक्ष बने।

१९७७ में ही संसद ने विपक्ष के नेताओं के लिए वेतन और भत्ते से संबंधित एक विधेयक पारित किया था जिसमें नेता विपक्ष की परिभाषा दी गई थी। इसके अनुसार लोकसभा और राज्य सभा दोनों सदनों में जो दल सरकार के विरोध में हों उनमें से सबसे अधिक सदस्य संख्या वाले दल के नेता को प्रत्येक सदन के अन्दर नेता विपक्ष के रूप में मान्यता दी जायेगी। निर्णय पीठासीन अधिकारियों–राज्यसभा के सभापति और लोकसभा के अध्यक्ष–के हाथों में होगा। इस प्रकार यदि कोई बहुसंख्यक दल सरकार का समर्थक हो तो वह विपक्ष में नहीं माना जा सकता और उसका नेता नेता-विपक्ष नहीं माना जा सकता। अतः यह स्पष्ट हो जाता है कि केवल संख्या के आधार पर नेता

विपक्ष के पदाधिकारी का निर्णय नहीं किया जा सकता। यह भी आवश्यक है कि वह व्यक्ति किसी ऐसे दल का नेता हो जो सरकार के विपक्ष में हो, सरकार का विरोधी हो। किसी ऐसे दल का नेता जो सरकार का समर्थक हो, नेता विपक्ष नहीं रह सकता। यह तो तार्किक विसंगति और विरोधाभास होगा। किसी दल का मात्र यह कह देना कि वह विपक्ष में रहेगा और गुणदोष के आधार पर समर्थन और विरोध का निर्णय करेगा उसके नेता को नेता विपक्ष माने जाने के लिए पर्याप्त नहीं है क्योंकि सभापति अथवा अध्यक्ष को देखना यह होगा कि क्या वह सचमुच सरकार का प्रमुख विरोधी है और क्या वह एक स्थिर वैकल्पिक सरकार बनाने की स्थिति में है।

१९९० में सरकार ने नेता विपक्ष को सचिविक कर्मचारी सहित वह सभी सुविधाएँ प्रदान करने का निर्णय लिया जो मंत्रिमंडल के सदस्यों को उपलब्ध होती हैं। कुछ अतिरिक्त सुविधाएं–जैसे ३००० रु. प्रति मास यातायात भत्ता–भी नेता विपक्ष को दी गईं। नेता विपक्ष को जो यह सब वेतन, भत्ते, शिष्टता एवं प्राथमिकताएँ तथा विभिन्न सुविधाएँ प्रदान की जाती हैं उनका उद्देश्य ऐसे नेता के अधिकारों की रक्षा करना है जो सरकार के विरोध में हो। उसे सरकार की आलोचना करने के लिए पैसा दिया जाता है न कि सरकार के पक्ष में एक और किला बनाने के लिए।

सरकार में अविश्वास प्रस्ताव प्राय: नेता विपक्ष के द्वारा रखा जाता है और सरकार को ऐसे प्रस्ताव पर वाद-विवाद के लिए नेता विपक्ष के आग्रह पर समय देना ही होता है। यदि नेता विपक्ष और उसका दल सरकार के समर्थक हों तो फिर तो कभी अविश्वास का प्रस्ताव आ ही नहीं सकता क्योंकि वे तो सरकार को गिराने के लिए अविश्वास का प्रस्ताव लायेंगे ही नहीं।

प्रत्येक सम्भव दृष्टि से सोचने-विचारने से यह स्पष्ट हो जाता है कि कोई भी दल ऐसा नहीं कर सकता कि एक ओर सरकार को समर्थन दे और उसे गिराने अथवा गिरने न देने की घोषणाएँ करता रहे और दूसरी ओर सरकारी विपक्ष होने का भी दावा करे। समर्थन देने की प्रक्रिया के साथ ही, ऐसे दल के नेता के नेता विपक्ष माने जाने के अधिकार का अन्त हो जाता है।

जहाँ कुछ दल और व्यक्ति मिलकर अपनी मिली-जुली सरकार बनाते हैं, यह सम्भव नहीं है कि उनमें से ही एक दल विपक्ष में बने रहने और अपने नेता को नेता विपक्ष के रूप में मान्यता दिलाये रखने का दावा करे। समर्थन और विरोध दोनों साथ-साथ नहीं हो सकता।

दूसरी तरह देखें तो हमारे यहाँ द्विदलीय व्यवस्था तो है नहीं और अभी होनेवाली भी नहीं लगती। ब्रिटिश व्यवस्था के नेता विपक्ष की संकल्पना हमारे यहाँ निरर्थक-सी हो जाती है। ऐसी स्थिति में आवश्यकता है नेता विपक्ष के ही नहीं अपितु सभी संसदीय दलों के नेताओं के मामले पर विचार किया जाये। हमारे यहां दल-व्यवस्था (अथवा अव्यवस्था) की जो स्थिति है उसकी पृष्ठभूमि में तथा आज की राजनीति के परिवेश में जिन सुझावों पर सम्भवत: विचार किया जा सकता है वे कुछ इस प्रकार हैं:

१. यह आवश्यक नहीं रहे कि प्रधानमंत्री या कोई मंत्री ही सदन का नेता हो जैसा कि इस समय होता हैं। ब्रिटेन में यह दोनों पद अलग-अलग व्यक्ति के पास रहते हैं। हमारे यहाँ भी ऐसा करने से यह सम्भव हो सकता है कि यदि कोई बड़ी संख्या वाला दल सरकार का समर्थक हो पर सरकार में हिस्सा न ले रहा हो तो उसके नेता को सदन का नेता माना जा सके तथा इस पद पर भी वही सब सुविधाएँ आदि दी जायें जो मंत्रियों को अथवा नेता विपक्ष को दी जाती हैं। इसके लिए नियमों में

आवश्यक संशोधन करने होंगे तथा एक विधेयक संसद के सामने लाना होगा।

२. दूसरा विकल्प है कि आस्ट्रेलिया की तरह हम भी कोई संख्या निश्चित कर दें और कुछ ऐसा प्रावधान हो जैसे कि गणपूर्ति (कोरम) के लिए आवश्यक संख्या से अधिक (५५) सदस्य-संख्या वाले सभी ऐसे दलों के नेताओं को मान्यता दी जाये जो सरकार में नहीं हैं, चाहे वे सरकार के समर्थक हों अथवा विरोधी। इस मान्यता का अर्थ यह होना चाहिए कि उन सभी नेताओं को वे सभी सुविधाएँ आदि विधि द्वारा उपलब्ध कराई जायें जो मंत्रियों को आज प्राप्त हैं।

यदि हमने इनमें से कोई मार्ग अपनाया तो लगता है कुछ –प्रत्यक्ष अथवा अप्रत्यक्ष–राजनीतिक, व्यक्तिगत और संसदीय समस्याएं सुलझ सकती हैं जिनका समाधान बाद में कठिन होगा।

११

भारतीय राजनीति में विपक्ष

उद्भव और विकास

क्योंकि हमारा वर्तमान विषय संसद में विपक्ष की भूमिका तक सीमित है, भारतीय राजनीति में विपक्ष के उद्‌भव और विकास अथवा राजनीतिक दलों के इतिहास का विवेचन-विश्लेषण करना यहाँ समीचीन नहीं होगा। किन्तु इतना कहना आवश्यक होगा कि राजनैतिक-आर्थिक सिद्धांतों, नीतियों और कार्यक्रमों पर आधारित, एक स्वस्थ, संवैधानिक, लोकतंत्रात्मक, संसदीय राजनीतिक दल-व्यवस्था हमारे देश में अभी तक भी विकसित नहीं हो पाई है।

स्वाधीनता से पहले भारतीय कांग्रेस ही एकमात्र प्रभावी राजनीतिक संगठन था। एक राजनीतिक दल के लिए अपेक्षित कुछ गुण तो इसमें बहुत अधिक मात्रा में थे और कुछ गुणों का नितान्त अभाव था। अत: कांग्रेस राजनीतिक दल से बहुत कुछ ज्यादा भी थी और कुछ कम भी। सचमुच कांग्रेस एक राजनीतिक दल नहीं, राष्ट्रीय संगठन था, एक स्वतंत्रता आन्दोलन था जिसके झण्डे के नीचे विभिन्न विश्वासों, दृष्टिकोणों और पृष्ठभूमियों के स्त्री-पुरुष एकत्रित हुए। कांग्रेस को ऐसे छत्र-संगठन की संज्ञा दी जा सकती है जिसके नीचे विभिन्न राजनीतिक सिद्धांतों और विचारधाराओं के प्रतिपादक तथा विभिन्न मतों के अनुयायी खड़े किये जा सकें। कांग्रेस का

एकमात्र उद्देश्य था देश को विदेशी शासन से स्वतंत्र कराना। स्वाधीनता से पूर्व राजनीति में भाग लेने का अर्थ था कांग्रेस में शामिल होना। उन दिनों लोग देश के हित में उच्च आदर्शवाद, प्रतिष्ठा और सेवा की भावना से कांग्रेस में शामिल होते थे अथवा राजनीति में भाग लेते थे। ऐसा करने के लिए प्रायः अपने काम-धंधे, सुख और आराम का पर्याप्त त्याग करना पड़ता था। यह सार्वजनिक पद की लोलुपता अथवा राजनीतिक शक्ति या सत्ता के प्रलोभन से नहीं किया जाता था। यहाँ यह स्मरण करना उपयुक्त होगा कि १९४२ के 'भारत छोड़ो' संकल्प की कांग्रेसी उद्घोषणा के अन्तिम पैरा में कहा गया था :

> "अन्त में, अखिल भारतीय कांग्रेस समिति सभी संबंधित व्यक्तियों पर यह बात स्पष्ट कर देना चाहती है कि सार्वजनिक संघर्ष का बीड़ा उठाकर कांग्रेस का सत्ता हथियाने का कोई इरादा नहीं है। जब शक्ति और सत्ता आयेगी तो यह सभी भारतीयों की होगी।"

भारत की जनता को दी गई प्रतिज्ञा शीघ्र भुला दी गई। भारत की स्वतंत्रता के पश्चात् जब सत्ता का अन्तरण हुआ तो कांग्रेस इसे हथियाने के लिए दौड़ी। सबकुछ बदल गया। कांग्रेस का सर्वव्यापी और एकताकारी राष्ट्रीय आन्दोलन का स्वरूप न जाने कहाँ विलुप्त हो गया। कांग्रेस कुछ-कुछ राजनीतिक दल और देश की सरकार की संचालिका के रूप में प्रकट हुई। कांग्रेसी-राजनीति की ओर बहुत-से, एक नये प्रकार के, लोग आकृष्ट होने लगे क्योंकि उन्हें कांग्रेस से सम्बद्ध होना अधिक अच्छे जीवन, उच्च पद, स्थान और कई बार, काफी अधिक भौतिक सुख-साधनों की सीढ़ी लगने लगा। जैसा कि नीरद चौधरी ने अपने एक लेख में कहा है :

> "हाल की दशाब्दियों में आम जनता ने राजनीति के क्षेत्र में कंगालों को विपुल धनराशि का स्वामी बनते देखा है।

> उन्हें यह विश्वास ही नहीं होता कि राजनीति धनोपार्जन के लिए काला बाजार की अपेक्षा अधिक लाभप्रद और कम श्रमसाध्य और कम जोखिम वाला व्यवसाय नहीं है।''

कांग्रेस के भीतर गुटों का कभी अभाव नहीं रहा। वस्तुतः कांग्रेस में गुटों को न केवल प्रोत्साहित और पोषित ही किया जाता रहा, बल्कि नेताओं ने कांग्रेस के भीतर भिन्न-मतवादिता को स्वीकार भी किया और कई बार पुरस्कृत भी। केन्द्र में और राज्य स्तर पर कांग्रेस के सत्तारूढ़ होने के परिणामस्वरूप, कांग्रेस के भीतर व्यक्तिगत महत्त्वाकांक्षाएँ, पद और धन की लिप्सा, दलगत प्रतिद्वन्द्विता और जातीय, साम्प्रदायिक, प्रादेशिक और भाषायी स्वार्थों को वास्तविक विचारात्मक मत-वैभिन्न्य की अपेक्षा कहीं अधिक प्रोत्साहन मिला।

१९४८ में गाँधीजी ने, हत्या के कुछ दिन पूर्व, सुझाव दिया था कि कांग्रेस को राजनीतिक संगठन के रूप में भंग कर दिया जाये और 'लोक सेवक संघ' का नाम देकर इसे एक समाज सेवा संगठन का रूप दिया जाये। इसका लक्ष्य हो रचनात्मक कार्यों के माध्यम से जनता का सामाजिक पुनरुद्धार और आर्थिक विकास करना। गाँधीजी चाहते थे कि अहिंसक स्वाधीनता संग्राम के तपे हुए सेनानी, कांग्रेसी लोग, राजनीतिक व्यवस्था, सरकारी प्रशासन और चुनाव आदि लड़ने का काम अन्य लोगों के लिए छोड़ दें। निस्संदेह जिनकी राजनीति में रुचि हो, उन पर इस सम्बन्ध में किसी प्रकार का कोई प्रतिबन्ध नहीं होना था। वे चाहते तो लोक सेवक संघ को छोड़कर अपना राजनीतिक दल बना सकते थे, और चाहते तो अपनी इच्छा के किसी राजनीतिक दल में सम्मिलित हो सकते थे। अपेक्षाकृत कड़े शब्दो में गाँधीजी ने कहा था :

> ''कांग्रेस ने अपने विभिन्न बलिदानों और तपस्याओं के बल पर लोगों का विश्वास प्राप्त किया है, परन्तु अब इस

अवसर पर यदि यह उनका सेवक बनने की बजाय उनका स्वामी बनकर उनसे विश्वासघात करती है, तो अपने लम्बे जीवन के अनुभवों के आधार पर मैं यह भविष्यवाणी करने की धृष्टता कर सकता हूँ कि–उस समय जीवित रहूँ अथवा नहीं–एक क्रान्ति देश भर को व्याप्त कर जायेगी और लोग एक-एक कर सभी सफेद टोपी वालों को चुन-चुनकर खत्म कर देंगे और इस सबसे लाभ होगा किसी अन्य शक्ति को।''

परन्तु अब गाँधी की कौन सुनता। उस समय के कांग्रेसी नेताओं ने, जिनमें नेहरू और पटेल जैसे चोटी के नेता भी थे, इसका कड़ा विरोध किया। शायद उनके विचार में सरकार चलाने के लिए कांग्रेस का चलते रहना अनिवार्य था क्योंकि उसका स्थान लेने के लिए कोई अन्य दल उपस्थित नहीं था, और फिर, कांग्रेस का पुराना जमा हुआ काम था। अभी तक उसने त्याग और तपस्या के बीज बोये थे, कष्ट और यातना की पूँजी लगाई थी; फसल काटने का मौसम तो अब आया था! शीघ्र ही देशभक्ति कांग्रेस की बपौती बन गई। जिन्होंने राष्ट्रीय संघर्ष के दिनों में कष्ट उठाये थे, वे अब नई शक्ति संरचना में अपने लिए सुख-समृद्धि के पद सुरक्षित करने के लिए लालायित हो उठे।

स्वाधीनता के बाद लम्बे समय तक भारतीय राजनीति में सत्ता पर कांग्रेस का एकाधिपत्य रहा। वह स्वतंत्रता आन्दोलन का एकमात्र वारिस बन बैठी। उसने किसी समर्थ-स्वस्थ विरोधी लोकतांत्रिक दल को कांग्रेस के विकल्प के रूप में उभरने नहीं दिया और ऐसा करने के लिए नीतियों और सिद्धांतों के आधार पर संघर्ष करने के बजाय कांग्रेस नेतृत्व ने क्षुद्र हथकंडों और सत्ता की सारी शक्ति का सहारा लिया। कांग्रेस के भीतर भी नेताओं में सत्ता संघर्ष निर्मम रहा था। उदाहरण के लिए, स्वाधीनता से पहले सुभाष बोस के साथ जघन्य बर्ताव हुआ था और स्वाधीनता के बाद कांग्रेस समाजवादी दल को जिस प्रकार

कांग्रेस से निकलने पर बाध्य किया गया वह सरासर अनुचित और अनैतिक था और फिर जब समाजवादी दल एक सशक्त विपक्ष के रूप में उभरता दिखाई दिया तो एक-एक करके उसके कार्यक्रम, नेता और नारे तोड़कर कांग्रेस में मिला लिये गये। समाजवाद, गरीबी उन्मूलन, उद्योगों का राष्ट्रीयकरण, आर्थिक-सामाजिक न्याय पर आधारित नई व्यवस्था आदि नारे और अशोक मेहता, गुरुपदस्वामी, मधु दंडवते, टी. प्रकाशम, थानु पिल्लै, टी. विश्वनाथन, चन्द्रशेखर, नारायणदत्त तिवारी आदि नेता इस अपहरण के उदाहरण हैं। इस प्रकार प्रारम्भिक वर्षों में ही, विपक्ष को पनपने से पहले ही, कुचल दिया गया। यह कैसे हुआ, इसकी लम्बी कहानी है। संक्षेप में कह सकते हैं कि परिणाम यह हुआ कि राजनीति धर्म, जाति, उपजाति, सम्प्रदाय आदि के वोट बैंको, अपराधीकरण और भ्रष्टाचार पर निर्भर हो गई और सत्ता में कौन आये और विपक्ष में कौन रहे यह सब निर्णय भी इन्हीं आधारों पर होने लगे। नीतियाँ और कार्यक्रम केवल चुनावी घोषणापत्रों तक ही सीमित रहने लगे। सरकारें भी जनता से मिले जनादेश के आधार पर नहीं अपितु दलों और सदस्यों के बीच चुनावों के बाद संसद और विधानपालिकाओं में होने वाली साँठ-गाँठ, समझौते, सौदेबाजी, खरीद-फरोख्त, और पदों के बँटवारे के आधार पर बनने-बिगड़ने लगीं। कई बार विपक्ष भी पर्दे के पीछे सत्ताधारी दल के साथ हुए सौदे-समझौतों से बनने लगे। ऐसे में स्वाभाविक था कि संसद में विपक्ष की भूमिका पर प्रश्नचिह्न लगते।

सिद्धांतत: संसदीय लोकतंत्र में एक स्थिर और समर्थ विरोधी पक्ष, विपक्ष अथवा प्रतिपक्ष उतना ही आवश्यक और महत्त्वपूर्ण है जितना कि एक स्थिर और समर्थ सरकार। संसद में विरोधी पक्ष की भूमिका रचनात्मक और बहुआयामी होती है। संसद में विपक्ष का काम केवल आलोचना करना और विरोध

मात्र करना नहीं है। वस्तुतः विपक्ष को विरोध और आलोचना का अधिकार भी इस विश्वास और आश्वासन के आधार पर मिलता है कि जब उसको अवसर मिले तो वह सत्तारूढ़ दल से ज्यादा अच्छा कुछ करके दिखाएगा।

संसदीय शासन व्यवस्था मूलतः वाद-विवाद के द्वारा, मिल-बैठकर बातचीत के माध्यम से, समझौते का विधान है। वादे वादे जायते तत्त्वबोधः। संसद में बहुसंख्यक दल के साथ-साथ अल्पसंख्यक दल भी महत्त्वपूर्ण है क्योंकि अल्पमत की मर्जी से ही बहुमत का शासन लोकतंत्र कहा जा सकता है। संसद में अन्त में चाहे सत्ताधारी बहुसंख्यक दल की ही जीत हो, विरोधी पक्ष को अपनी बात कहने का पूरा अधिकार होना चाहिए। ऐसा म हो कि किसी सदस्य को कहना पड़े :

"यह दस्तूरे जबाँबन्दी है कैसा तेरी महफ़िल में
यहाँ तो बात करने को तरसती है जबाँ मेरी।"

कहते हैं, एक व्यक्ति की तानाशाही बुरी चीज है किन्तु बहुमत की तानाशाही उससे भी बुरी है। लोकतंत्र और अधिनायकवाद में अन्तर एक निर्भीक और स्वतंत्र विपक्ष की भूमिका से ही पड़ सकता है। एक सक्षम विपक्ष का अस्तित्व ही इस बात का आश्वासन हो सकता है कि किसी तानाशाह के निरंकुश शासन के विरुद्ध ही नहीं अपितु कट्टर बहुमत के क्रूर शासन से भी वह देश को बचायेगा।

भारी बहुमत में होने से लोकतंत्र के नायकों में भी दम्भ और निरंकुशता घर कर सकती है क्योंकि–

"प्रभुता पाहि कोऊ मद नाहीं"

वस्तुतः यदि यह निर्णय करना हो कि किसी देश में लोकतंत्रात्मक संस्थाएँ कहाँ तक सफल हुई हैं अथवा संसद कहाँ तक सक्षम है तो आवश्यक होगा कि हम विपक्ष की

भूमिका का मूल्यांकन करें क्योंकि सशक्त विपक्ष का अस्तित्व और विकास ही लोकतंत्र को अर्थ दे सकता है।

सत्ताधारी दल और विपक्ष दोनों को कुछ स्वीकृत आदर्शों और मानकों के आधार पर काम करना होता है। संसदीय लोकतंत्र का मूल आधार है सत्तापक्ष और विपक्ष के बीच परस्पर विश्वास और आदर का भाव। सरकार और संसद दोनों सत्तापक्ष और विपक्ष के सहयोग से ही चल सकती हैं और सबल हो सकती हैं। यह आवश्यक है कि सत्तारूढ़ दल यह न भूले कि विपक्ष संख्या में कितना ही कमजोर क्यों न हो उसका भी प्रत्येक सदस्य देश के प्रति उतना ही निष्ठावान है और अपने उत्तरदायित्व को समझनेवाला है जितना सत्तापक्ष का कोई सदस्य। विपक्ष का कोई सदस्य अथवा नेता देश का शत्रु नहीं है ऐसी मान्यता और दृढ़ विश्वास लेकर सत्तापक्ष को चलना होगा। सत्तापक्ष का कर्तव्य है कि वह विपक्ष को सम्मान दे तथा उसकी बात सुने और विपक्ष का दायित्व है कि वह बहुमत का आदर करे और बहुसंख्यक दल–सत्ता पक्ष की–बात भी माने।

लोकतंत्र में निर्णय बहुमत के द्वारा लिये जाते हैं किन्तु उसे बहुमत का शासन कहना भारी भूल होगी और संसद की सार्थकता पर आघात होगा। संसदीय व्यवस्था में संसद में बहुमत में होनेवाले दल या दलों के द्वारा सरकार बनती है किन्तु अल्पमत में होनेवाले दल या दलों को भी अपने विचार अभिव्यक्त करने का पूरा अवसर रहता है तथा सरकार का यह कर्तव्य होता है कि प्रतिपक्ष के विचारों का भी जहाँ तक सम्भव और वांछनीय हो नीतियों में समावेश करे। यही संसदीय व्यवस्था का सत्व है और यही लोकतंत्र का तत्व।

एक बार पंडित जवाहरलाल नेहरू स्वयं एक विधेयक को सदन में रख रहे थे। प्रतिपक्ष के एक प्रमुख नेता ने एक संशोधन रखा और उसके पक्ष में प्रभावी तर्क प्रस्तुत किये किन्तु पंडित

नेहरू ने संशोधन को स्वीकार करने में अपनी असमर्थता के कारण बताते हुए अन्त में यह भी कह दिया कि उस विधेयक के मामले में और जो भी हो, बहुमत उनके साथ है। प्रतिपक्ष के नेता ने तुरन्त टिप्पणी करते हुए कहा, "बहुमत पंडितजी के साथ होगा किन्तु इस मामले में तर्क सारे मेरे पक्ष में हैं।" पंडितजी मौन हो गये और विधेयक पर हुए वाद-विवाद का तीसरे वाचन के समय उत्तर देते हुए पंडितजी ने बड़ी साइस्तगी के साथ संशोधन को मान लिया और सदन ने यथा संशोधित विधेयक को पारित कर दिया। यह देश का दुर्भाग्य है कि संसदीय सौजन्य की ऐसी मिसाल बाद के दशकों में नहीं मिलती।

संसदीय व्यवस्था में मंत्रिगण प्रशासन के ऊपर संसद के प्रतिनिधि के रूप में काम करते हैं। अगर आजकल चर्चा का विषय बने मंत्रियों के स्वयं के घोटालों आदि में लिप्त होने की बातें छोड़ दें तो कह सकते हैं कि विपक्ष जिन कमियों की ओर सरकार का ध्यान आकृष्ट करता है या भ्रष्टाचार के जिन मामलों अथवा घोटालों को उजागर करने का प्रयास करता है उनकी जानकारी कई बार मंत्रियों को भी पहले से नहीं होती और जब संसद में विपक्ष ऐसे मामलों को उठाता है तभी पहली बार सरकार की भी आँखें खुलती हैं तथा पूछताछ और जाँच-पड़ताल शुरू होती है। यदि सरकार निष्ठावान हो तो वह विपक्ष की आभारी होगी और भविष्य के लिए आवश्यक सुधार करेगी।

संसदीय लोकतंत्र में जो राजनीतिक दल अथवा विचारधारा निर्वाचनों में एक बार पराजित हो जाये उसे विश्वास रहता है कि वह पुनः जनमत बदलने का प्रयास कर सकता है और शान्तिपूर्वक संवैधानिक ढंग से सत्तारूढ़ दल को अपदस्थ कर उसका स्थान ले सकता है। ऐसा विशेषकर संसद के भीतर विपक्ष की भूमिका निभाकर, अपने विचारों और वैकल्पिक

कार्यक्रमों को पूरी स्वतंत्रता, निर्भीकता और प्रभावशाली ढंग से संसद और देश के सामने रखकर किया जा सकता है। यह याद रखना जरूरी है कि विपक्ष संसद के भीतर अपनी भूमिका निभाते समय सारे देश को, आम जनता को सम्बोधित करता है और प्रभावित करने का पूरा प्रयास करता है।

कहते हैं, विपक्ष की भूमिका कार में ब्रेक के समान होती है। अन्तर केवल यह है कि सत्तारूढ़ दल सोचता है कि वह प्रगति की ऊँचाइयों पर तेजी से बढ़ रहा है किन्तु विपक्ष के ब्रेक उसकी गति में बाधा बन जाते हैं जबकि विपक्ष मानता है कि सरकार की नीतियाँ देश को विनाश की गहराइयों की ओर तेजी से ढकेल रही हैं जिसमें वह ब्रेक लगाकर देश को गर्त में गिरने से रोकने का प्रयास कर रहा है।

जब कोई दल विपक्ष में हो तो उसे यह सोचकर आचरण करना चाहिए कि कल वह सत्ता में हो सकता है और तब अगर कोई दूसरा विपक्ष सदन में हुल्लड़ करे, सदन को चलने न दे तो उसे कैसा लगेगा। इसी प्रकार जब कोई दल सत्ता में हो तो उसे सोचना चाहिये कि कल वह कुर्सी से हट भी सकता है और उसकी भूमिका विपक्ष की हो सकती है। उसे ऐसा ही आचरण करना चाहिए जैसा वह विपक्ष में होने पर सरकार से अपेक्षा करे।

हमारा दुर्भाग्य है कि ऐसा प्रायः होता नहीं । यदि ऐसा हो तो सत्तापक्ष और विपक्ष दोनों अधिक उत्तरदायी हो जाएँगे। जो विपक्ष में होते हैं वे सरकार के सारे नियमों, बंधनों और दायित्वों को भूल जाते हैं और अनुत्तरदायी, अनुशासनहीन अथवा अराजकतामय आचरण आवश्यक समझने लगते हैं। जो सरकार में होते हैं इस आचरण के लिए विपक्ष की भर्त्सना करते हैं। सत्ता में हों तो एक जैसा बर्ताव और विपक्ष में हों तो दूसरा। सभी दल इस मामले में एक जैसे हैं।

विपक्ष सत्तापक्ष के कृत्यों की, भ्रष्टाचार आदि की आलोचना इसलिए नहीं करता कि यदि वह सत्ता में हो तो ऐसा नहीं करेगा, बल्कि इसलिए करता है कि वह सत्ता में क्यों नहीं है और ऐसा सब करने के अवसर उसे न मिलकर दूसरे दल के लोगों को क्यों मिल रहे हैं। जब आज के विपक्ष के लोग कल मंत्रिमंडल में आते हैं तो लम्बे समय तक विपक्ष में रहकर उन्होंने जो अभाव सहे हैं उन्हें उनका क्षोभ होता है और वह भी मंत्रियों की तरह सुख-समृद्धि में, कानून की पहुँच से दूर, अनुचरों, सचिवों, निमंत्रणों और अखबारों में सुर्खियों की दुनिया में जीवन जीना चाहते हैं और अवसर का पूरा लाभ उठाने की कोशिश करते हैं। यदि सरकार अस्थिर हो तो स्थिति और भयावह हो जाती है क्योंकि सब कोई जल्दी में सबकुछ पा लेना, कर गुजरना चाहता है, अपने लिए, अपने परिजनों के लिए।

विपक्ष में और सत्ता में रहने में अन्तर वही रहता है, व्यक्ति और दलों के नाम बदल जाते हैं किन्तु विपक्ष विपक्ष रहता है और सत्तारूढ़ दल सत्तारूढ़ दल और दोनों का व्यवहार वही। सत्ता में आते ही एक मन:स्थिति हो जाती है और विपक्ष में जाते ही दूसरी। कुर्सी की ओर विपक्ष की अपनी-अपनी मानसिकता और संस्कृति होती है। एक प्रमुख आतंकवादी नेता से एक बार, जब उनके राज्य में आतंकवाद अपनी पराकाष्टा पर था, उनके आतंकवादी विचारों का औचित्य पूछा गया तो उत्तर में उन्होंने कहा, "आप मुझे आतंकवादी समझते हो, मैं काहे का आतंकवादी हूँ। मुझे मुख्यमंत्री बना दो तो आज जो कांग्रेसी हैं वे आतंकवादी बन जायेंगे और मैं कानून और व्यवस्था का रखवाला।" उन्होंने यह भी बताया कि उसी दिन प्रात: वह प्रधानमंत्री से मिलकर आ रहे थे और यही बात वह ऐसे ही शब्दों में उनसे भी कहकर आये थे।

कई बार समझा जाता है कि यदि सरकार का संसद में स्पष्ट बहुमत है, सरकार स्थिर और सशक्त है तो विपक्ष कमजोर होगा, और यदि सरकार कमजोर है तो विपक्ष मजबूत होगा। किन्तु, यथार्थ में ऐसा होता नहीं है। कमजोर सरकार विपक्ष से संसद में राजनीतिक लड़ाई लड़ने के बजाय उसे राज्य की शक्तियों का दुरुपयोग कर, घूस, धमकी और नाना प्रकार के प्रलोभन देकर या फूट डालकर अपनी कुर्सी सुरक्षित रखना चाहती है। होता यह है कि कमजोर सरकार के साथ विपक्ष भी कमजोर होता है तथा स्थिर और शक्तिशाली और अपने बारे में पूर्णतया आश्वस्त सरकार ही मजबूत विपक्ष को सहन कर सकती है।

सम्भवत: यही कारण है कि स्वाधीनता के प्रारम्भ के दशकों में जब सरकार स्थिर और सशक्त थी, विपक्ष संख्या में बहुत कम होते हुए भी प्रभावी था। इसका कुछ श्रेय विपक्ष की गुणात्मकता और सत्तापक्ष के नेतृत्व को भी जाता है। दसवीं लोकसभा में प्रारम्भ के विपक्ष के सदस्यों की संख्या सत्ताधारी दल के सदस्यों से अधिक थी तब विपक्ष निष्प्रभावी रहा और अधिक दुर्बल होता चला गया।

संसदीय लोकतंत्र की सफलता के लिए आवश्यक है कि दो प्रमुख दल हों--सत्तारूढ़ दल तथा विपक्ष। दोनों को शासन का अंग माना जाये और दोनों ही मजबूत हों। राज व्यवस्था के सुचारु रूप से चलने में बराबर के भागीदार हों और उनमें स्थिति की अदला-बदली सम्भव हो।

संक्षेप में, आधुनिक संसदीय व्यवस्था में विपक्ष के प्रमुख दायित्व हैं :

१. सत्तारूढ दल की कमियों पर कडी नजर रखना तथा उन्हें जनता और संसद के सामने उजागर करना।

२. जनता के असंतोष का प्रतिनिधित्व अपने में केन्द्रित करना तथा जनता को अपने साथ ले चलने का प्रयास करना।

३. सरकार की नीतियों, कृत्यों और गलतियों पर अंकुश रखना।

४. सरकार को निरंकुशता, भ्रष्टाचार, भाई-भतीजावाद, सत्ता का दुरुपयोग आदि दुष्कर्मों से बचाना।

५. जनता की शिकायतों और समस्याओं को संसद के माध्यम से वाणी देना और प्रभावित नागरिकों को राहत दिलाने का प्रयास करना।

६. जनता को राजनीतिक मुद्दों के बारे में और अपने दल के द्वारा प्रस्तुत वैकल्पिक सकारात्मक नीतियों और कार्यक्रमों के बारे में शिक्षित करना तथा सत्ताधारी दल के विरुद्ध जनमानस तैयार करना, राजनीतिक चेतना जगाना, जनमत को जाग्रत करना।

७. संसदीय संस्कृति, परम्पराओं, प्रथाओं और नियमों का पालन करते हुए सभी शान्तिपूर्ण संवैधानिक उपायों से सरकार की उन नीतियों और कार्यक्रमों को रोकने का प्रयास करना जिन्हें वह देश के लिए अहितकर समझे।

८. सत्तारूढ़ दल का विरोध कर, संसद में अथवा आम चुनावों में उसे परास्त करना और उसके स्थान पर अपनी सरकार बनाना। ऐसा करने के लिए कभी-कभी सरकार पर आरोप लगाने पड़ते हैं, त्यागपत्र माँगे जाते हैं, अविश्वास प्रस्ताव लाये जाते हैं, यहाँ तक कि आन्दोलन का मार्ग भी अपनाया जाता है।

संसद के भीतर विपक्ष के सदस्यों को लोकहित के महत्त्वपूर्ण विषयों को उठाने के अनेक अवसर और प्राक्रियागत उपाय उपलब्ध होते हैं। उनका दायित्व है कि वे उन सबका पूरा-पूरा उपयोग करें। सदन के सामने आनेवाले विधेयकों का गूढ़ अध्ययन-विश्लेषण कर और विधायन की प्रकिया में भाग लेकर, निन्दा, स्थगन, अविश्वास तथा अन्य प्रस्तावों, प्रश्नों तथा संकल्पों के द्वारा, सरकार की त्रुटियों और जनता की समस्याओं को उजागर किया जा सकता है। संसद में प्रभावी भूमिका निभाने के लिए जनहित के महत्त्वपूर्ण मामले अन्य प्रक्रियाओं के द्वारा भी उठाये जा सकते हैं; जैसे–ध्यानाकर्षण सूचनाएँ, अल्पकालीन चर्चाएँ, नियम ३७७ के अन्तर्गत विशेष उल्लेख, आधा घंटे की चर्चाएँ, राष्ट्रपति के अभिभाषण पर धन्यवाद प्रस्ताव तथा बजट पर बहस आदि। संसदीय समितियाँ भी विपक्ष के लिए बड़े शक्तिशाली और प्रभावी माध्यम बन सकती हैं। भारतीय संसद में कुछ स्थायी समितियों के अध्यक्ष पद पर विपक्ष के सदस्यों को ही मनोनीत करने की परम्परा बन गई है। इनमें सबसे अधिक महत्त्वपूर्ण है लोकलेखा समिति।

किन्तु भारतीय संसद में विपक्ष की भूमिका के संबंध में जो बात सबसे अधिक कही जाती है और जिससे समाचारपत्रों की सुर्खियाँ भी बनती हैं वह है सदन में सदस्यों का एक-दूसरे के ऊपर चिल्लाना , घूँसे दिखाना, कागज फाड़ना और कागज के प्रक्षेपास्त्र बनाकर मंत्रियों पर फेंकना, यदा-कदा हिंसा पर उतर आना, कितने ही अन्य प्रकार की अव्यवस्था, नारेबाजी, शोर-गुल, हंगामा, अनुशासनहीनता, पीठासीन अधिकारी की अवज्ञा, अध्यक्ष के आसन के पास आकर धरना और कार्यवाही को न चलने देना। इसमें सन्देह नहीं कि यद्यपि विपक्ष को सशकत और प्रभावी होना चाहिए, उसे ऐसा कोई अधिकार नहीं कि वह गतिरोध पैदा करे, देश की संसद को अथवा शासन को चलने ही न दे। विपक्ष प्रश्न पूछ सकता है, उत्तर माँग सकता

है, आलोचना कर सकता है पर शासन में रुकावट नहीं बन सकता। संसदीय लोकतंत्र की सफलता के लिए पूर्वापेक्षाओं में सर्वप्रथम है संसदीय संस्कृति और सदाचार में आस्था। व्यवस्था को चलानेवाले सभी लोगों से, वे सत्तापक्ष में हों चाहे विपक्ष में आशा की जाती है कि संसद की गरिमा के अनुरूप व्यवहार करेंगे, संसद के नियमों और उसकी परम्पराओं-मान्यताओं का आदर करेंगे। एक बार लोकसभा में एक सदस्य ने अध्यक्ष के किसी कथन पर टिप्पणी करते हुए पूछा कि अगर अमुक परम्पराओं का उल्लंघन किया जाये तो संविधान में उसका क्या इलाज है? अध्यक्ष ने उत्तर दिया, ''मेरे दोस्त, संविधान निर्माताओं ने ऐसी कल्पना भी नहीं की थी कि ऐसा भी हो सकता है। भारत का संविधान, सज्जन व्यक्तियों ने सज्जन व्यक्तियों के लिए बनाया था, उसमें ऐसी स्थिति के लिए कोई प्रावधान नहीं है।''

संसद में विपक्ष की भूमिका का प्रभावी होना, विपक्ष के सदस्यों की संख्या से भी अधिक निर्भर करता है उनकी योग्यता और गुणात्मकता पर, उनके चरित्र, सदाचारिता और संसदीय शिष्टाचार और संस्कृति में आस्था पर। यह देश का दुर्भाग्य है कि इधर कितने ही वर्षों से संसद में जिस प्रकार विपक्ष–चाहे गैर-कांग्रेसी हो या कांग्रेसी–व्यवहार करता रहा है उससे संसदीय लोकतंत्र की हमारे लिए उपयोगिता और उपयुक्तता पर प्रश्नचिह्न लगा है। जो शोर-गुल, दंगे-फसाद और अव्यवस्था का नजारा देश की विधानपालिकाओं में जनता को देखने और सुनने को मिला है, जिस प्रकार माइक्रोफोन तोड़े जाते रहे हैं, पिनकुशन एक-दूसरे पर फेंके गये हैं, किताबें और संसदीय कागज फाड़े गये हैं और एक-दूसरे पर फेंके गये हैं, भद्दे शब्दों और असंसदीय भाषा का प्रयोग बार-बार किया गया है, मारपीट और हिंसा तक की नौबत आई है, उस सबके लिए सत्तापक्ष और विपक्ष दोनों ही जिम्मेदार हैं।

अब तो संसद के सदनों की कार्यवाही कभी-कभी कुछ बिना सम्पादन के भी दूरदर्शन पर देखी जा सकती है किन्तु पहले ऐसा सम्भव नहीं था और बहुत-सी चुनींदा शब्दावली जिसका हमारे सम्माननीय सदस्य प्रयोग करते हैं, असंसदीय होने के कारण कार्यवाही के प्रकाशित वृत्तान्त से अध्यक्ष की आज्ञा से निकाल दी जाती थी। अगर आप उसे देखें तो उसमें बहुत कुछ ऐसा है जिसे पढ़-सुनकर सिर शर्म से झुक जायेगा और संवेदनशील मन देश और संसद की अस्मत के बारे में सोचकर रो देंगे। कुछ वर्ष पहले यह सोचा गया कि ऐसे सब असंसदीय अंशों को, जिन्हें कार्यवाही से निकाल दिया गया था, अलग से एक ग्रन्थरूप में प्रकाशित किया जाये ताकि लोग अपने प्रतिनिधियों के बारे में जाने-सोचें और सांसदों को भी पता चले कि क्या असंसदीय है। अब यह ग्रन्थ उपलब्ध है और इसमें सामग्री चौंका देनेवाली और लज्जित करने वाली है।

सच यह है कि हम अपने जीवन में, समाज में, परिवार में लोकतांत्रिक नहीं हैं तो केवल राजनीति में ही कैसे हो सकते हैं। हमारे राजनीतिक दलों का आन्तरिक संचालन भी लोकतंत्र जैसी किसी चीज से नहीं चलता। संसद में विपक्ष की भूमिका ही लोकतंत्र की उदात्त संस्कृति और सभ्य भाषा के आधार पर चले ऐसी आशा करना अनुचित होगा।

इसमें कोई छिपी बात नहीं कि इधर कुछ वर्षों में राजनीतिज्ञों और सांसदों में आस्था और उनके प्रति सम्मान में भारी कमी आई है। सदनों की कार्यवाही को दूरदर्शन पर देखकर आम नागरिक की प्रतिक्रिया कुछ सुखद नहीं होती। ऐसा नहीं है कि संसद में अव्यवस्था और अनुशासनहीनता केवल विपक्ष ही फैलाता है। विपक्ष द्वारा सदन को न चलने देना और बार-बार अध्यक्ष का बैठक स्थगित करना कुछ समय के लिए या पूरे दिन के लिए, यह सब कई बार केवल विपक्ष की हठधर्मी

के कारण नहीं होता। कभी-कभी अन्य दलगत, राजनीतिगत कारण भी हो सकते हैं जिनमें सत्ताधारी दल के लोगों का भी स्वार्थ हो। मैं नहीं समझता, मैं कोई संसदीय रहस्योद्घाटन कर रहा हूँ, यदि मैं निवेदन करूँ कि मैं ऐसे कितने ही स्थगनों का साक्षी रहा हूँ जो सत्तारूढ़ पक्ष और विपक्ष के बीच पहले से हुई रजामंदी से अमुक देर और अमुक तीव्रता के हंगामे के प्रदर्शन के बाद हुए। कई बार होता यह है कि सरकारी पक्ष और विपक्ष दोनों के नेतागण या प्रतिनिधि अपने दल के कार्यकर्ताओं, अनुयायियों या सदस्यों की भावनाओं को संतुष्ट करने के लिए या जनता में अपनी साख कायम रखने के लिए, अपनी-अपनी विवशताएँ एक-दूसरे के सामने रखते हैं, दोनों पक्ष एक दूसरे की कठिनाई समझते हैं और तय हो जाता है किस प्रकार कितनी देर बाद उस दिन के लिए सदन की बैठक स्थगित हो जायेगी।

दसवीं लोकसभा में एक बार सात दिन में चार दिन लोकसभा की बैठक पूरे-पूरे दिन के लिए सदस्यों या पूर्व सदस्यों के देहावसान के नाम पर स्थगित कर दी गयी यद्यपि यह परंपरा और दृष्टांतों कें विरुद्ध था। एक बार तो पूरा का पूरा सत्र बिना कोई कार्यवाही के समाप्त हो गया। रिकार्ड के लिए कहा गया कि रोज-रोज विपक्ष दोनों सदनों में हंगामे करता रहा तथा पीठासीन अधिकारी को विवश करता रहा स्थगन के लिए। किन्तु, ऐसा सम्भव नहीं लगता कि यदि सत्तापक्ष सचमुच कार्यवाही चलाना चाहता तो सफल न होता। बाद में जो तथ्य सामने आये, हवाला कांड में मंत्रियों और पक्ष-विपक्ष के नेताओं के लिप्त होने के जो आरोप उजागर हुए उनसे तो लगा कि इतने कुशलतापूर्वक संगठित स्थगनों के पीछे कुछ और भी निहित स्वार्थ हो सकते है। यदि सदनों की बैठक होती तो शायद यह सब मामले तभी सामने आ जाते। इस सारे तमाशे में यदि किसी के साथ विश्वासघात होता है तो वह है देश की जनता क्योंकि

संसद और सांसदों पर करोड़ों रुपये रोज का खर्चा आता है और यदि सदन बिना कुछ काम किये रोज-रोज स्थगित होता रहे तो ये करोड़ों रुपये व्यर्थ जाते हैं।

शायद भारतीय संसद में सत्तापक्ष और विपक्ष की भूमिका जनता और देश के सामने अपने पूरे सत्य और यथार्थ रूप में नहीं आती। संसद-सदस्य चाहे किसी भी दल के हों, उनकी अपनी एक बिरादरी है, अपना भाईचारा है, अपनी समान समस्याएँ हैं, हित हैं, स्वार्थ हैं जो सत्तापक्ष और विपक्ष से कहीं ऊपर आते हैं। सांसदों की ट्रेड यूनियन देश की सबसे शक्तिशाली यूनियन है। जब सांसदों के वेतन, भत्ते, विभिन्न सुविधाएँ आदि बढाने के मामले, प्रत्येक सदस्य को एक करोड़ रुपया प्रतिवर्ष अपने निर्वाचन क्षेत्र में उसके आदेश पर खर्च करने के लिए उपलब्ध कराने जैसे मामले या फिर केवल एक वर्ष के लिये सदस्य रहने के बाद सारी उम्र भर पेन्शन पाने के बीभत्स विधेयक संसद के सामने आते हैं तो वे प्रायः मिनटों में सर्वसम्मति से पारित हो जाते हैं। उस समय सत्तापक्ष और विपक्ष के सब भेद मिट जाते हैं। न्यायपालिका के पर कतरने की बात आती है अथवा संसद-सदस्यों को भ्रष्टाचार के मामलों में भ्रष्टाचार निरोधक कानून की गिरफ्त से बरी रखने की बात आती है तब भी मानो संसद में कोई विपक्ष रहता ही नहीं। सब एकमत हो जाते हैं।

कई बार जब समाचारपत्रों को पढ़ने से लगता है कि सरकार और विपक्ष के बीच संसद में तीखी लड़ाई चल रही है, वस्तुतः पर्दे के पीछे दोनों के बीच तालमेल भी होता है। कभी-कभी दोनों पक्ष संसद की बैठक शुरू होने से पहले, आपस में बातचीत के द्वारा तय कर लेते हैं कि उस दिन सदन में क्या मामले उठाये जाने हैं, कितना हंगामा होना है, सदन को चलने देना है या नहीं, क्या अध्यक्ष के आसन के निकट आना है या

नहीं, प्रश्न काल के बाद शून्यकाल में यह सब होना है अथवा प्रश्नकाल भी नहीं होने देना है। सत्तापक्ष और विपक्ष के सदस्य, सचेतक और नेता एक-दूसरे को व्यक्तिगत स्तर पर तथा उनकी दलगत विवशताओं-आवश्यकताओं को अच्छी तरह समझते हैं। कभी-कभी सत्ता पक्ष भी पहले से बता देता है कि यदि विपक्ष के सदस्य अध्यक्ष के आसन के पास आयेंगे तो उनके सामने दूसरी ओर से सत्तापक्ष के सदस्य भी निकल आयेंगे। कई बार उच्च पदों के बँटवारे की बात आती है और सत्तापक्ष और विपक्ष में चुपके-चुपके फैसला हो जाता है पर साथ ही यह भी दोनों पक्षों के द्वारा मान लिया जाता है कि उन्हें अपने-अपने कार्यकर्ताओं, संसद-सदस्यों तथा आम जनता के सामने संघर्ष की ही तस्वीर रखते रहना होगा।

कभी-कभी अपने को घोर 'सेक्यूलरवादी' कहनेवाला बड़ा दल जो विपक्ष के एक दल को राजनीतिक अछूत समझता रहा हो और उसके पास दिखाई देने से भी बचता रहा हो, आवश्यकता पड़ने पर, पर्दे के पीछे से उसके साथ सौदा-समझौता करने में नहीं हिचकता। वर्तमान लोकसभा की बात नहीं है किंतु बहुत पुरानी भी नहीं है जब सदन में किसी भी दल को पूर्ण बहुमत नहीं मिला था, सबसे बड़े दल की सरकार तो बन गई थी किन्तु अध्यक्ष पद पर अपने उम्मीदवार को निर्वाचित कर सकने लायक मत उसके पास नहीं बन पा रहे थे क्योंकि विपक्ष में जो एक दूसरा तथाकथित सेक्यूलरवादी दल था वह अपने ही सदस्य को अध्यक्ष पद पर निर्वाचित करने पर कृतसंकल्प था। ऐसी स्थिति में जब सत्ताधारी दल के सामने और कोई चारा नहीं रहा तो उसने 'राजनीतिक अछूत' भाजपा के द्वार खटखटाये बातचीत हुई, शर्तें लगीं, सुलह हुई इस आधार पर कि भाजपा कांग्रेस के प्रत्याशी को अध्यक्ष बनाने में पूरा सहयोग देगी और फिर यह कांग्रेस का दायित्व होगा कि भाजपा जो भी नाम मनोनीत करे उसे उपाध्यक्ष पद के लिए निर्वाचित

किया जाये। साथ ही दोनों पक्षों में यह भी तय हो गया कि सार्वजनिक रूप से वह किस प्रकार एक-दूसरे के साथ घोर विरोध का मुखौटा लगाये रहेंगे और पदों के बँटवारे संबंधी समझौता घोषित नहीं करेंगे। जो अध्यक्ष निर्वाचित हुए हो सकता है उनकी इस सारे प्रकरण में कहीं कोई भूमिका नहीं थी। सम्भवतः क्या बातें हो रही थीं, इसकी भी अधिक जानकारी उन्हें नहीं थी। यह उदाहरण इसलिए मायने रखता है क्योंकि जब देश के साधारण नागरिक समाचारपत्रों में सत्तापक्ष और विपक्ष की नोंक-झोंक के बारे में पढ़ते हैं और सुर्खियाँ देखते हैं तो उन्हें इसका कोई आभास नहीं होता कि हो सकता है इसमें बहुत कुछ केवल जनता का मन बहलाने के लिए, उसे प्रभावित करने के लिए और उसका समर्थन बनाये रखने के लिए नाटक मात्र हो और पर्दे के पीछे पहले से तय हो गया हो।

लगभग प्रत्येक राजनीतिक दल अपने वोट बैंक पक्के करने में लगा रहता है, पक्ष में हो या विपक्ष में। वोटों का ध्रुवीकरण होता है तो केवल धर्म, जाति, सम्प्रदाय के आधार पर। प्रत्येक राजनीतिक दल इन प्रवृत्तियों के सामने झुक जाता है। टिकट बाँटने, वोट माँगने, पद बाँटने, मंत्री बनाने, राष्ट्रपति और उपराष्ट्रपति जैसे गरिमामय स्थानों के लिए चयन तक में व्यक्ति की जाति और धर्म के आधार पर पहचान महत्वपूर्ण हो जाती है।

राजनीतिक दलों के सामने, विशेषकर विपक्ष के सामने, जनहित के प्रमुख मुद्दों को लेकर एक भली प्रकार परिभाषित और परिसीमित कार्यक्रम और नीति होने चाहिए। लेकिन आज राजनीतिक दल जनकल्याण की बातें केवल राजनीतिक नारों के लिए भले ही कर लें लेकिन व्यावहारिक सचाई इससे भिन्न है। राजनीतिक दल और राजनेता जनता के भले का ध्यान करने के

बजाय अपनी ही स्वार्थसिद्धि में लगे रहें यह खेद की बात है। यह पक्ष और विपक्ष दोनों पर लागू होता है। आज जनता की आवश्यकताएँ और समस्याएँ किसी की चिन्ता का विषय नहीं हैं।

स्थिति यह हो गयी है कि आज सत्तापक्ष और विपक्ष एक ही थैली के चट्टे-बट्टे होकर रह गये हैं। संघर्ष जनता और राजशकित के बीच है। संसद में पक्ष और विपक्ष की भूमिकाओं में भेद कृत्रिम है, दिखावा है। सच यह है कि पक्ष-विपक्ष दोनों की पर्दे के पीछे की मिलीभगत से आम लोगों को धोखा दिया जाता है। पर्दे के पीछे केक दोनों में बँट जाता है, जनता सदा की भाँति रोटी से वंचित रहती है और उसे बहकाने के लिए पक्ष विपक्ष के विरोध के नाटक खेले जाते हैं।

बिना सशकत प्रभावशाली व्यकितत्व के संसद में विपक्ष की भूमिका प्रभावी नहीं हो सकती। नेतृत्व के लिए सम्भव होना चाहिए कि वह अलख जगा सके और जनसाधारण को विश्वास दिला सके कि यदि वह सत्ता में आया तो उसके लिए जनहित सर्वोपरि होगा। जनता को विश्वास दिलाना चाहिए कि विपक्ष का सत्तापक्ष के विरुद्ध अभियान का उद्देश्य संसद में किसी वाक्-युद्ध में विजय पाना नहीं अपितु किन्हीं महत्त्वपूर्ण मूल्यों के लिए, जनहित के लिए, संघर्ष करना है।

किसी भी देश में विपक्ष की भूमिका उसकी संसद के गठन, राजनीतिक व्यवस्था और उसमें सांसद के स्थान, नेतृत्व आदि पर निर्भर होती है। हमारा एक दुर्भाग्य यह है कि अन्य क्षेत्रों की तरह हम राजनीतिक व्यवस्था और कार्यकलापों के क्षेत्र में भी परकीय संस्थाओं, संकल्पनाओं और मानकों से स्फूर्ति ग्रहण करने का प्रयास करते हैं। हमारा सोच विदेशी है। अपनी संसद में विपक्ष की भूमिका क्या हो, इस पर विचार करने के लिए भी हम पाश्चात्य समाजशास्त्रियों की ओर देखते हैं।

जैनिंग्स, आप्टर, कैम्पीअन, बार्कर, लॉवेल आदि के ग्रन्थों में सामग्री खोजते हैं जबकि सत्य यह है कि हमारी परिस्थितियों में उनके विचारों की सार्थकता संदिग्ध है।

जहाँ सत्तापक्ष और विपक्ष सभी राजनीति के अपराधीकरण, निजी स्वार्थ-साधन और व्यापक राजनीतिक भ्रष्टाचार में बराबर के भागीदार हों, वहाँ विपक्ष की भूमिका की रूमानी व्याख्या करना कोई अर्थ नहीं रखता। यदि लोकतंत्र की आत्मा और अंकुश की भूमिका न निभाकर, विपक्ष स्वयं भी लूट-खसोट में साझा बाँटने लगे, तो देश का भविष्य सुरक्षित नहीं रह सकता।

संसदीय लोकतंत्र में राजनीतिक पहचान दलों से बननी चाहिए, यह स्वाभाविक है किन्तु साथ ही यह भी आवश्यक है कि दलों की पहचान सिद्धाँतों, नीतियों और कार्यक्रमों के आधार पर बने और ऐसे ही आधार पर राजनीतिक दल लोगों को अपने ध्वज के नीचे एक साथ लाने और आपस में जोड़ने का प्रयास करें।

संसदीय लोकतंत्र में बहुमत और अल्पमत, सत्तापक्ष और विपक्ष, बहुसंख्यक दल और अल्पसंख्यक दल सतत परिवर्तनशील होते, बदलते रहने चाहिए। उनकी संकल्पनाओं के मूल में आर्थिक-राजनीतिक सैद्धांतिक मतभेदों और जनता की समस्याओं को सुलझाने के लिए, नीतियों और कार्यक्रमों पर आधारित मतवैभिन्न्य होने की अपेक्षा की जाती है किन्तु, हमारे यहाँ व्यक्तिगत मतभेदों और महत्त्वाकांक्षाओं के कारण, एक विचारधारावाले लोग भी किसी दल में एक साथ नहीं हो पाते और केवल सत्ता-सुख में साझेदारी के लिए परस्पर विरोधी विचारधारा वाले लोग एक साथ हो लेते हैं। यदि नीतियाँ नहीं, सम्प्रदाय और जातिगत वोट बैंक आदि राजनीतिक दलों की पहचान बन जायें, यदि प्रतिबद्धता देश के, मूल्यों, मानकों,

आदर्शों, सिद्धाँतों के प्रति न होकर केवल जाति, सम्प्रदाय आदि के माध्यम से सत्तातक पहुँचने की सफलता के प्रति हो जाये, यदि सत्ता पक्ष और विपक्ष की स्थिति और बँटवारे जन्मजात धर्म, जाति, और उपजाति आदि आधारों पर तय होने लगें या उन्हीं के अन्तर्गत राजनीतिक बहुमत और अल्पमत बनने लगें तो उनमें परिवर्तन का प्रश्न नहीं उठता। तर्क, बातचीत सब निरर्थक हो जाते हैं। दलों, निर्वाचनों आदि का कोई औचित्य नहीं रह जाता। सांसदों के सदनों के फर्श पर वाद-विवाद बेमायने हो जाते हैं।

संसदीय लोकतांत्रिक व्यवस्था में कल तक की लगभग सभी संकल्पनाएँ, परिभाषाएँ और मान्यताएँ बदल गई हैं। सत्ता-संघर्ष के इस दौर में सिद्धाँतों और आदर्शवादिता की बातें मूर्खता समझी जाती हैं। विपक्ष के अर्थ-भाव बदल गये हैं। सचमुच में हमारे यहाँ दल दो ही हैं–एक दल सरकार है और दूसरा विपक्ष। सिद्धाँतों और कार्यक्रमों का कोई प्रश्न नहीं है। वामपंथी, दक्षिणपंथी, साम्यवादी, समाजवादी, सम्प्रदायवादी आदि का कोई फर्क नहीं पड़ता। सबका आदर्श और गन्तव्य एक ही है।

देश का दुर्भाग्य है कि हमारी संवैधानिक-राजनैतिक व्यवस्था चरमरा गयी है और कतिपय निष्प्राण हो गयी है। संसदीय लोकतंत्र की आत्मा विदा हो गयी है, जो बचा है वह केवल बाहरी ढाँचा है। आज जैसी राजनीति की धारा बह रही है लगता है जनसेवा की भावना से प्रेरित और सिद्धाँतों पर आधारित राजनीति इतिहास के पन्नों में या मंचों से भाषणों में अथवा बीते युगों की बात रह गयी है। नेताओं का, जन-प्रतिनिधि कहलाये जानेवालों का एकमात्र उद्देश्य और काम संसद तथा विधान-पालिकाओं का सदस्य बनना रह गया है। सभी राजनीतिक दल इसी जोड़-तोड़ में लगे रहते हैं कि किस प्रकार बहुमत जुटाएँ या उसके बिना ही सत्ता में साझीदार बनें। ऐसी स्थिति में संसद से बाहर–निर्वाचन-काल को छोडकर–प्रायः

विपक्ष भी अब कुछ नहीं करता। विपक्ष की जो थोड़ी-बहुत भूमिका शेष बची है वह भी संसद के सदनों के भीतर तक सिमट कर रह गयी है। जनता को राजनीतिक रूप में शिक्षित करने और जगाने का काम भी अब संसदीय मंचों के माध्यम से ही होता माना जा सकता है।

स्वाधीनता से पहले कांग्रेस एक सशक्त विपक्ष की भूमिका निभाती रही। स्वाधीनता के बाद शुरू के कितने ही दशकों तक सत्ता पर कांग्रेस का एक-छत्र आधिपत्य रहा और विपक्ष बुरी तरह विभाजित, विखण्डित रहा। आज स्थिति यह है कि सत्तापक्ष और विपक्ष दोनों ही निर्बल हैं। जो सबसे बड़े जनादेश का धनी, सदन में सबसे बड़ा दल है वह प्रमुख विपक्ष है और जो सबसे छोटे-छोटे दल हैं, जिन्हें संसद के कोनों में सीमित रहना चाहिए था, उन १३-१४ ने मिलकर सत्ता हथियायी हुई है।

''कहीं की ईंट, कहीं का रोड़ा,
भानुमती ने कुनबा जोड़ा।''

दूसरे नम्बर का सबसे बड़ा दल कांग्रेस भी सत्ता से बाहर है किन्तु उसके समर्थन के बूते पर ही 13-14 दलों की अल्पमत सरकार बनी और चल रही है। सबसे बड़ा दल भाजपा सभी के लिए अछूत है। जो सत्ता में हैं परस्पर विरोधी हैं। प्रधानमंत्री गुजराल के जनता दल की स्थिति सबसे अधिक शोचनीय और शर्मनाक है। उसके शीर्षस्थ नेता हज़ारों करोड़ के घोटालों में लिप्त माने जा रहे हैं पिर भी अपनी कुर्सियाँ छोड़ने को तैयार नहीं। दल में पहली बार लोकतांत्रिक चुनाव कराने पड़े तो दल के ही टुकड़े हो गए। दल के राष्ट्रीय अध्यक्ष ने ही अपनी अलग पार्टी बना ली और प्रधानमंत्री इस स्थिति में नहीं किसी भी भ्रष्ट मंत्री या मुख्यमंत्री आदि के विरुद्ध कदम उठा सके या उठने दें। बाहर से समर्थन देनेवाले दल के अपने ही भीतर भारी संग्राम

चल रहा है, शायद उसे स्वयं पता नहीं कि वह कितना और कब तक वर्तमान सरकार को सह पायेगा। कहना कठिन है कि वह या उसका कोई अंग सरकार को समर्थन देता रहेगा या उसे विदा हो जाने में मदद कर विपक्ष की भूमिका निभाएगा। लोकसभा अध्यक्ष श्री संगमा ने कुछ दिन पहले कहा था कि पहले एक दल की सरकार होती थी और विपक्ष में अनेक छोटे-छोटे आपस में विभाजित दल होते थे किन्तु अब विपक्ष में एक दल है और सरकार बहुत-से छोटे-छोटे दलों की है। यदि केवल सत्ता सुख में भागीदार के लिए जुड़े ये दल संसद को, सरकार को और देश को अलग-अलग, एक-दूसरे की विरोधी दिशाओं में खींचना चाहें तो समस्या कभी भी गम्भीर रूप धारण कर सकती है। यदि परस्पर-विरोधी छोटे-छोटे दल मिलकर कभी सरकार और कभी विपक्ष की भूमिका निभाते हों, यदि व्यवस्था ऐसी हो जिसमें सबसे बड़े दो दल सत्ता से बाहर रहें, तो संसदीय लोकतंत्र की सफलता की बात सोचना एक क्रूर उपहास मात्र लगता है। क्या कोई कह सकता है कि पिछले चुनावों के बाद जिन 13-14 दलों ने सत्ता सँभाली, जो प्रधानमंत्री और मंत्री बने उनके किसी भी दल को सरकार बनाने का या उनमें से किसी को प्रधान मंत्री बनने के लिए देश से जनादेश मिला था। ऐसी स्थिति में यदि यह कहा जाए कि सत्तापक्ष और विपक्ष किसी को भी जनता की वास्तविक समस्याओं से कोई सरोकार नहीं, तो अतिशयोक्ति नहीं होगी।

सत्ताधारी दल और विपक्ष दोनों का दायित्व होना चाहिए कि लोकतांत्रिक संस्थाओं का मान और प्रभाव बना रहे। विपक्ष का काम है कि लोकतंत्र के प्रहरी की भूमिका निभाये और देखे कि संसद और सरकार सही रास्ते पर चलें तथा जनता के हितों और राष्ट्र की समस्याओं की ओर ध्यान दें। समस्याएं तब विकट रूप धारण करती हैं जब सत्तापक्ष और विपक्ष दोनों का आचरण लज्जा और मर्यादा-मानकों की सीमा तोड़ दे। जब

दोनों ही सदन का एक ही उपयोग समझने लगें और वह उपयोग हो येनकेन प्रकारेण सत्ता में आने और आ गये तो बने रहने के लिए जोड़-तोड़, खरीद-फरोख्त के मंच के रूप में करने का।

जब सत्तापक्ष संवैधानिक और संसदीय मान्यताओं की, प्रक्रिया सम्बन्धी नियमों की और विपक्ष की भावनाओं की पूर्ण अवहेलना करने लगे तथा सदन में अपनी मर्जी चलाने पर तुल जाये, नियमों की ऐसी व्याख्या की जाये जिससे सरकारी पक्ष जो चाहता है वैसा ही हो, सत्ताधारी दल लोकतांत्रिक परम्पराओं को तिलांजलि दे दे और अपनी बात कहने तक का विपक्ष को अवसर न मिले या जब सत्ता के साधनों को विपक्ष के विरुद्ध प्रयोग कर ऐसी स्थिति पैदा कर दी जाये जिसमें विपक्ष का, उसके सदस्यों का, अपने सम्मान की रक्षा करना, जीना और साँस लेना असम्भव हो जाये, तो विपक्ष से भी संसदीय संस्कृति और नैतिकताओं से बँधे रहने की आशा नहीं की जा सकती। ऐसी स्थिति में विपक्ष का विरोध भी असंतुलित शिष्टताविहीन आचरण में फूट पड़ता है। परिणाम होता है संसद के भीतर हल्लागुल्ला, अनुशासनहीनता और सदन को न चलने देना। सदन में अभिव्यक्ति की स्वतंत्रता न रहे और विपक्ष जो मसले उठाना चाहे उन्हें उठाने न दिया जाये तो विपक्ष के पास भी नियमों के अन्तर्गत कोई संवैधानिक शान्तिपूर्ण विकल्प बचता ही नहीं। राज्य विधानपालिकाओं के स्तर पर तो यहाँ तक हुआ है जब देश के सबसे बड़े राज्य में निवार्चित सदस्यों को अपनी विधानसभा में मिलने-बैठने तक नहीं दिया गया और एक मनोनीत राज्यपाल राजनीति खेलकर अपना शासन चलाते रहे। कुछ समय पहले एक अन्य राज्य में विधानसभा भवन पर ताला डाल दिया गया था और सदन की बैठक बुलाये जाने के बावजूद सदस्यों को अपने ही सदन में प्रवेश करने से रोका जा रहा था। एक अन्य राज्य में अध्यक्ष ने तो दूसरे राज्य में उपाध्यक्ष ने विधायिका को अपना बन्दी बना लिया था। केन्द्र में भी ऐसी

स्थितियाँ आई हैं जब २ घंटे के भीतर बिना किसी वाद-विवाद के १८ विधेयक पास कर दिये गये; एक राज्य में राष्ट्रपति शासन की उद्घोषणा, संवैधानिक संशोधन और अरबों की अनुदान माँगें मिनटों के भीतर पारित मान लिये गये या महत्त्वपूर्ण मामले विपक्ष की अनुमति से पास कर दिये गये।

विपक्ष की भूमिका लोकतंत्र में एक सुरक्षा साधन की, एक सेफटी वाल्व की, रक्षा की एक दूसरी पंक्ति की, होती है। विपक्ष सरकार और संसद के बीच संचार माध्यम की भूमिका भी निभाता है। इसका अन्त कर दिया जाये तो लोकतंत्र की भी अन्त्येष्टि हो जाती है। एक स्वस्थ, संवैधानिक, प्रभावी विपक्ष का अस्तित्व स्वयं सत्तापक्ष के भी हित में होता है। उसे दबाने, नष्ट करने अथवा निष्प्रभावी बनाने का प्रयास राजनीतिक मूढ़ता का द्योतक है।

कोई संसदीय व्यवस्था नहीं चल सकती यदि विपक्ष उस दल या उन दलों को, जो बहुमत में हों, शासन करने का अधिकारी न माने। संसदीय व्यवस्था तब भी नहीं चल सकती यदि सत्तारूढ़ दल विपक्ष की आवाज दबाना चाहे और सुनने को तैयार न हो। यों भी विपक्ष को जिन्दा रहने के लिए, प्रभावी बनने के संघर्ष में बहुत-सी कठिनाइयों का सामना करना पडता है क्योंकि उसके पास बाँटने के लिए पद-लाभ नहीं होते, सत्ता के साधन नहीं होते, उसे धन देनेवाले भी कम ही होते हैं।

आजकल की राजनीति काफी महँगी हो गयी है और सत्तापक्ष हो या विपक्ष बड़ी मात्रा में धन की आवश्यकता तो होगी ही। धन और साधनों के अभाव के कारण ही कई बार विपक्ष के सदस्यों को विवश होकर सत्तारूढ़ दल से समझौता करना पड़ जाता है और कुछ दलबदल को भी बढ़ावा मिलता है।

यदि सरकार तय कर ले कि नैतिक-अनैतिक सभी तरह से विपक्ष को पंगु बना देना है, पनपने नहीं देना है तो कोई भी संसदीय और सभ्य विपक्ष शान्तिपूर्ण, संवैधानिक, नितान्त अहिंसक और नैतिक उपायों से सफल नहीं हो सकता। यदि विपक्ष को यह विश्वास हो जाये कि वह संसद में कैसी ही भूमिका निभाये, कितना भी जनमत पाये, जनादेश पाये किन्तु फिर भी संवैधानिक उपायों से उसे सत्ता में नहीं आने दिया जायेगा तो स्वाभाविक होगा कि वह भी दूसरे रास्ते खोजने लगे और गैर-जिम्मेदार हो जाये।

हमारे एक पड़ोसी देश में किसी ने विदेश नीति के मामलों में निर्णय प्रक्रिया में विपक्ष की भूमिका के बारे में पूछा तो उत्तर मिला कि हमारे देश में लोकतंत्र का प्रहरी विपक्ष सैन्यबल है, निर्णय प्रक्रिया बहुत सरल है। जनरल मामलों में निर्णय जनरल लेते हैं और मेजर मामलों में मेजर। ईश्वर न करे हमारे देश में कभी ऐसी स्थिति आये क्योंकि वह भयावह स्थिति होगी और न तो स्वयं सैन्यबलों के लिए सुखद होगी और न देश के लिए।

आज की परिस्थितियों में जब देश ऐसे अंधे मोड़ पर आ खडा हुआ है जहाँ से कोई मार्ग कहीं जाता दिखाई नहीं देता, विपक्ष को विपक्ष न रहकर प्रतिपक्ष की भूमिका निभानी होगी, देश के सामने विकल्प प्रस्तुत करना होगा। आवश्यक हो तो समूची व्यवस्था को बदलना होगा। सत्ता पक्ष के साथ मिल-बैठकर सार्थक उपाय सोचने होंगे। इसके लिए भी सचेत रहना होगा कि कहीं सत्तापक्ष और विपक्ष दोनों ही विदेशी बहुराष्ट्रीय कम्पनियों के साये मात्र बनकर न रह जायें।

आज हमारा देश भारी संकट और संक्रमण की स्थिति से गुजर रहा है। आज हमारे सामने सबसे बड़ी समस्या और चुनौती है लोकतंत्री व्यवस्था में और जनप्रतिनिधियों में आस्था और विश्वास वापस लाने की। किसी भी लोकतंत्र में इससे अधिक

दुःखद स्थिति और कोई नहीं हो सकती जिसमें जनता के हृदयों में अपने निर्वाचित प्रतिनिधियों के प्रति आदर का भाव ही न रहे।

यदि हमें लोकतंत्र को बचाना है तथा राजनीतिक व्यवस्था, दलों, सांसदों और संसदीय प्रक्रियाओं के प्रति आस्था और सम्मान वापस लाना है तो एक बार फिर राजनीति को जनसेवा का माध्यम और पर्यायवाची बनाना होगा। ऐसी स्थिति पैदा करनी होगी जिसमें अच्छे से अच्छे लोग देश की सेवा के लिए, कुछ त्याग करके, समाज को कुछ देने के लिये आगे आयें और केवल सत्ता सुख भोगने या धनोपार्जन के लिए राजनीति को पेशा बनानेवाले अपराधी तत्त्व और मतों के सौदागर पीछे हटें या हटा दिये जायें।

संसद में विपक्ष की भूमिका को लोकतंत्र और पूरी राजनीतिक-संवैधानिक व्यवस्था से अलग नहीं देखा जा सकता। वर्तमान व्यवस्था के रहते, संसद में अब तक विपक्ष की भूमिका कितनी प्रभावी रही अथवा वर्तमान दुःखद स्थिति के लिए सत्तापक्ष अधिक उत्तरदायी है या विपक्ष, ये प्रश्न अधिक अर्थ नहीं रखते। यह विवाद भी महत्त्वपूर्ण नहीं है कि यह हमारी संवैधानिक-राजनीतिक व्यवस्था का, संसदीय प्रणाली का, दोष है या उसे चलानेवालों का। शायद वर्तमान व्यवस्था में आमूल परिवर्तन किये बिना भारतीय संसद में विपक्ष कोई सार्थक भूमिका निभा ही नहीं सकता। सम्भवतः व्यवस्था और उसे चलानेवाले दोनों को ही बदलना होगा या व्यापक सुधार करने होंगे। राजनीतिक दलों को किन्हीं आर्थिक-सामाजिक सिद्धाँतों के आधार पर संगठित करना होगा। नीतियों और कार्यक्रम के आधार पर मतवैभिन्न्य पर बल देना होगा। सम्प्रदायों, जातियों, उपजातियों अथवा किसी व्यक्ति-विशेष के चारों ओर घूमने वाली राजनीति को यथासम्भव विदा करना होगा।

राजनीतिक दलों को अपने आन्तरिक संगठन में पूर्णतया लोकतांत्रिक और खुला होना पड़ेगा। सत्तापक्ष ही नहीं, विपक्ष में दलों को भी अपनी नीतियों और कार्यकलापों को, आमदनी और खर्चों को, अधिक पारदर्शी बनाना होगा।

जब राजनीतिक दल सैद्धांतिक आधारों पर लोकतांत्रिक ढ़ंग से संगठित-नियोजित होंगे तभी सत्तापक्ष और विपक्ष दोनों राजनीतिक नैतिकता और औचित्य के दायरे में आ सकेंगे। यदि ऐसा हुआ तो राजनीतिक दलों की संख्या में भी कमी आयेगी। किन्तु, जहाँ सरकार ही परस्पर-विरोधी तत्त्वों की हो जिसके लिए सिद्धान्त ही नहीं कार्यक्रम भी 'न्यूनतम' महत्त्व रखते हों, वहां विपक्ष से सिद्धान्तपरक और नैतिक होने की अपेक्षा नहीं की जा सकती। भविष्य में राजनीतिक दलों को अपनी नीतियों के लिए काम करना होगा, त्याग करने होंगे। किसी न किसी प्रकार सत्ता हथियाने और उसमें हर कीमत पर बने रहने की परम्परा बदलनी होगी। हो सकता है यह सब थोथी आदर्शवादिता लगे, सपना लगे। किन्तु, हम आज जहाँ पहुँच गये हैं वहाँ से उबरने के लिए कुछ तो करना होगा। जब सारा घर आग की लपटों में जल रहा हो तो यह सोचने का समय नहीं होता कि भूल मकान का नकशा बनानेवाले की है, किसी कर्मचारी की या घर के किन्ही लोगों की!

यदि भारतीय संसद में विपक्ष की भूमिका निष्प्रभावी हो जाती है, यदि विपक्ष सत्तापक्ष द्वारा दिये गये प्रलोभनों अथवा धमकियों के सामने झुक जाता है और अपनी संसद-सदस्यता और उसके सुख-साधन पूरे पाँच वर्ष तक सुरक्षित रखने की लालसा में सब प्रकार के समझौते करने और सत्तापक्ष के सामने रेंगने को तत्पर हो जाता है तो सम्भवत: न्यायिक क्रियाशीलता भी हमारे देश और लोकतंत्र को नहीं बचा सकेगी और शीघ्र ही वह समय भी आयेगा जब जिसके हाथ में लाठी होगी वही

भैंस हाँक ले जाएगा। यदि ऐसी स्थिति को साकार होने से रोकना है तो जनता को स्वयं क्रियाशील बनाना होगा, जन-जन को जगना-जगाना होगा। यदि लोकतंत्र का प्रहरी विपक्ष है तो विपक्ष की भूमिका केवल राजनेताओं पर नहीं छोड़ी जा सकती। देश के प्रत्येक नागरिक को, प्रत्येक बच्चे-बूढ़े को विपक्ष बनना पड़ेगा। नाना प्रकार से प्रदूषित जन सेवा की गंगा को निर्मल करने कोई भगीरथ नहीं आयेगा, प्रत्येक नर-नारी को भगीरथ बनना होगा। अंधकार बहुत गहरा है पर उसे कोसने से कुछ नहीं होगा। हममें से हर किसी को दिया बनकर जलना होगा। कठोपनिषद् के एक सूत्र से, जो स्वामी विवेकानन्द को विशेष प्रिय था, प्रेरणा लेनी होगी :

उतिष्ठत जाग्रत प्राप्य वरान्निबोधत

(उठो, जागो और जब तक मंजिल न मिल जाये रुको नहीं।)

●●●